리액트 훅을 활용한
마이크로 상태 관리

리액트 상태 관리의 기본 개념부터
동작 원리와 문제 해결, 렌더링 최적화 기법까지

리액트 훅을 활용한

마이크로 상태 관리

리액트 상태 관리의 기본 개념부터
동작 원리와 문제 해결, 렌더링 최적화 기법까지

지은이 다이시 카토

옮긴이 이선협, 김지은

펴낸이 박찬규   엮은이 이대엽   디자인 북누리   표지디자인 Arowa & Arowana

펴낸곳 위키북스   전화 031-955-3658, 3659   팩스 031-955-3660

주소 경기도 파주시 문발로 115 세종출판벤처타운 311호

가격 27,000   페이지 260   책규격 175 x 235mm

초판 발행 2024년 02월 20일

ISBN 979-11-5839-489-9 (93000)

등록번호 제406-2006-000036호   등록일자 2006년 05월 19일

홈페이지 wikibook.co.kr   전자우편 wikibook@wikibook.co.kr

리액트 훅을 활용한
마이크로 상태 관리

리액트 상태 관리의 기본 개념부터
동작 원리와 문제 해결, 렌더링 최적화 기법까지

———— **다이시 카토** 지음 / **이선협, 김지은** 옮김 ————

위키북스

코딩을 사랑하는 모두를 위하여

― 다이시 카토

저자 소개

다이시 카토(Daishi Kato)는 수십 년 동안 P2P 네트워크와 웹 기술에 대해 연구했으며 오픈 소스 소프트웨어에 열정을 가진 소프트웨어 엔지니어다. 엔지니어링에 관심이 많으며, 지난 5년 동안은 스타트업에서 일해 왔다. 90년대부터 오픈소스 소프트웨어에 적극적으로 참여해 왔으며, 최근에는 자바스크립트와 리액트를 이용한 다양한 라이브러리 개발에 주력하고 있다.

저와 가까운 곳에서 저를 지지해 주고 응원해 준 분들, 특히 가족, 동료,
오픈소스 프로젝트의 기여자들에게 감사의 인사를 전하고 싶다.

리뷰어 소개

날린 사바라(Nalin Savara)는 1996년부터 애플리케이션, 게임, 웹 앱, 솔루션 등 다양한 분야에서 일해 왔다. 그의 작업은 다양한 플랫폼(PC/Mac, 모바일, 웹)과 리액트를 비롯한 수많은 기술에 걸쳐 이뤄졌다.

Darksun Tech를 설립했으며, 수십 편의 기사와 서평을 PCWorld India에 기고했고, 미국 웨스트우드 칼리지의 컴퓨터 게임 프로그래밍 강좌에서 교재로 사용되는 《알고리즘 분석과 설계》라는 책을 공동 집필하기도 했다.

경력 초기에는 인도 최초의 3D 오픈 지형 게임 엔진의 수석 아키텍트이자 아시아 최초의 타겟팅 배너 광고 서비스인 Rightserve를 개발한 팀의 일원이었으며, 인도 최초의 클라우드 튜터링 스타트업 중 한 곳의 임시 CTO를 맡기도 했다.

옮긴이 소개

이선협

프로그래밍을 사랑하는 개발자. 분야를 가리지 않고 코딩하는 것을 즐기며 요즘은 지식을 글로 정리하는 것을 취미로 삼고 있다. 현재 주식회사 코발트에서 CTO로 재직 중이다.

김지은

무언가를 만드는 것을 좋아하고, 호기심이 많은 프런트엔드 개발자. "오늘보다 내일이 더 나은 프로그래머"를 모토로 삼고 있으며, 현재는 웹 프런트엔드와 관련된 일을 하고 있다.

옮긴이 서문

어느새 리액트가 출시된 지도 10년이 지났다. 리액트가 출시된 이후에도 다양한 라이브러리와 프레임워크가 등장하면서 리액트 또한 역사의 뒤안길로 사라질 거라 예측했던 이들이 많았지만 지금은 안정적인 기술로 자리 잡고 고전으로 넘어갈 준비를 하고 있다고 생각한다.

리액트는 자유도가 높으며 다양한 사례에 대응할 수 있다. 그렇기 때문에 리액트를 다루는 개발자는 필연적으로 다양한 고민을 하게 된다. 이 책의 주제인 상태 관리부터 시작해서 스타일링을 어떻게 할 것인지, 컴포넌트 구조를 어떻게 정리할 것인지 등 다양한 고민을 하게 된다.

그중에서도 상태 관리는 웹 프런트엔드 개발에서 항상 뜨거운 주제였다. 과거 window 객체를 이용한 전역 변수 사용이나 URL 쿼리를 이용한 가장 단순한 방법부터 수없이 많은 방법과 라이브러리가 등장하고 사라져갔다. 지금은 수많은 라이브러리가 각자 다른 해결 방법을 뽐내고 있다. 과거 리덕스가 통일하던 시대와 다르게 상태 관리의 춘추전국시대가 열렸다고도 할 수 있다.

이 같은 결과가 생긴 이유는 역설적으로 웹 프런트엔드가 너무 발전했기 때문일 것이다. 웹 프런트엔드 개발은 짧은 시간에 많은 변화를 겪었다. 과거 단순히 서버에서 마크업 파일을 내려주던 시대와 비교하면 상상도 할 수 없을 정도로 달라졌다. 이는 브라우저에서 많은 것을 이뤄내기 위한 많은 개발자의 노력이 있었기 때문일 것이다. 그 과정에서 많은 기술이 나오고 사라져갔다.

오늘날 웹 기술의 발전과 생산적인 라이브러리 프레임워크 덕분에 우리는 단순히 텍스트 정보만 보는 것이 아니라 미디어, 지도, SNS, 채팅, 문서 편집 등 기존 데스크톱 애플리케이션에서 할 수 있던 것들을 그대로 브라우저에서 구현할 수 있게 됐다. 이 말은 곧 개발자가 여러 사례를 경험할 수 있고 알아야 한다는 뜻이다.

애플리케이션을 만들 때는 항상 적정 기술이 존재한다. '은총알은 없다'는 말처럼 만능으로 사용할 수 있는 기술은 없다. 상태 관리도 마찬가지다. 여러 상태 관리 방법과 그에 대한 라이브러리가 존재하고, 저마다 장단점과 코딩 스타일이 다르다. 따라서 이 시대를 살아가는 개발자는 은총알 같은 기술을 찾는 것이 아닌, 애플리케이션에 적합한 기술을 찾는 능력이 더 중요하다.

저자 다이시 카토는 이 책에서 소개하는 Zustand, Jotai, Valtio, React Tracked를 유지보수하고 있으며, 이 경험을 기반으로 각 라이브러리의 기반 기술을 설명한다. 또한 다른 유명 상태 관리 라이브러리인 Redux, Recoil, MobX와 비교해서 어떤 장단점이 있는지 설명한다. 이 책의 범위를 벗어나지만, 상태 머신 기반 라이브러리인 XState와 서버 상태 관리 라이브러리인 useSWR, React Query도 적합한 사용 사례가 있기에 이 책과 함께 공부하면 도움이 될 것이다.

독자 여러분이 이 책을 읽으며 전역 상태를 관리하는 원리를 이해하고, 개발 중인 애플리케이션이 있다면 어떠한 방식으로 전역 상태를 관리하는 것이 좋을지 결정하는 데 도움이 되길 바란다.

— 이선협

서문

상태 관리는 리액트에서 다루기 어려운 개념 중 하나다. 지금까지 개발자는 모놀리식 상태 관리 솔루션[1]을 사용해왔지만, 리액트 훅 덕분에 애플리케이션을 모놀리스에서 마이크로서비스[2]로 넘어갈 수 있게 됐다.

이 책에서는 곧바로 사용 가능하고 여러분의 생산성을 높여줄 마이크로 상태 관리를 실습을 통해 구현해 본다. 먼저 리액트에서 상태 관리를 위한 기본적인 패턴과 전역 상태를 만들 때 마주칠 수 있는 문제의 해결책을 배운다. 이후 상태를 여러 조각으로 나누는 것이 어떤 문제를 해결하는지 살펴본다. 또한 리액트 훅을 이용해 어떻게 로직을 쉽게 재사용할 수 있는지 살펴보고, 폼 상태 및 서버 캐시 상태 같은 특정 기술 도메인에 대한 여러 가지 해결책을 소개한다. 마지막으로 Zustand, Jotai, Valtio 같은 라이브러리를 사용해 상태를 구성하고 개발을 효율적으로 관리하는 방법을 살펴볼 것이다.

이 책을 다 읽고 나면 애플리케이션 요구사항에 적합한 전역 상태 관리 방법을 선택할 수 있을 것이다.

대상 독자

이 책은 복잡한 전역 상태 관리를 다뤄야 하고 요구사항에 따라 최선의 선택을 하고 싶은 리액트 개발자에게 적합하다. 자바스크립트, 리액트 훅, 타입스크립트에 대한 기본 지식이 필요하다.

이 책에서 다루는 내용

1장 '리액트 훅을 이용한 마이크로 상태 관리'에서는 상태를 처리하는 데 있어 리액트 훅이 어떻게 도움이 되는지 알아본다. 이를 통해 목적에 맞는 해결책을 찾을 수 있다.

---

1 (옮긴이) 애플리케이션의 전체 상태를 한 곳에서 관리하는 것을 의미한다.
2 (옮긴이) 일반적으로 마이크로서비스 아키텍처(Microservice Architecture; MSA)에서 사용되는 용어로, 전체를 이루는 하나의 작은 서버를 나타내는 용어지만 이 책에서는 여러 곳에서 각자 전역 상태를 관리해서 하나의 애플리케이션 전역 상태를 이루는 것을 의미한다.

2장 '지역 상태와 전역 상태 사용하기'에서는 지역과 전역이라는 두 유형의 상태에 대해 알아본다. 기본적으로 지역 상태를 주로 사용하며, 전역 상태는 여러 컴포넌트 사이에 상태를 공유할 때 사용된다.

3장 '리액트 컨텍스트를 이용한 컴포넌트 상태 공유'에서는 리액트 컨텍스트가 전역 상태를 처리하는 방법과 리액트 생명 주기 내에서 어떻게 동작하는지 알아본다. 그리고 불필요한 리렌더링을 방지하는 몇 가지 패턴을 다룬다.

4장 '구독을 이용한 모듈 상태 공유'에서는 전역 상태를 구현하기 위한 다른 방법인 모듈 상태에 대해 알아본다. 모듈 상태는 리액트 생명 주기 밖에서 작동하기 때문에 모듈 상태에 대한 구독이 필요하다. 이를 위해서는 모듈 상태를 리액트 컴포넌트와 연결해야 하지만 리렌더링을 더 쉽게 최적화할 수 있다.

5장 '리액트 컨텍스트와 구독을 이용한 컴포넌트 상태 공유'에서는 전역 상태를 관리하는 또 다른 방법으로 리액트 컨텍스트와 구독을 사용하는 방법을 소개한다. 이는 리액트 생명 주기 내에서 작동하며 불필요한 리렌더링을 방지한다.

6장 '전역 상태 관리 라이브러리 소개'에서는 전역 상태에서 발생하는 공통적인 문제를 해결하기 위해 각기 다른 접근법을 사용하는 라이브러리를 소개한다.

7장 '사용 사례 시나리오 1: Zustand'에서는 리액트에서 모듈 상태를 만드는 데 사용되는 Zustand에 대해 설명한다.

8장 '사용 사례 시나리오 2: Jotai'에서는 리액트 컨텍스트와 아톰 데이터 모델을 기반으로 만들어진 Jotai에 대해 설명한다. Jotai는 리렌더링도 최적화할 수 있다.

9장 '사용 사례 시나리오 3: Valtio'에서는 변경 가능한 모듈 상태를 기반으로 하는 Valtio에 대해 설명한다. Valtio는 자동으로 리렌더링 최적화를 수행한다.

10장 '사용 사례 시나리오 4: React Tracked'에서는 리액트 컨텍스트, Zustand, React Redux 같은 다른 라이브러리의 렌더링 최적화를 자동으로 수행하는 React Tracked에 대해 설명한다.

11장 '세 가지 전역 상태 라이브러리의 유사점과 차이점'에서는 앞서 소개한 Zustand, Jotai, Valtio를 비교한다.

이 책을 최대한 활용하는 방법

컴퓨터에 v14 혹은 그 **이후** 버전의 Node.js와 **create-react-app** 패키지가 설치돼 있어야 한다.

책에서 다루는 소프트웨어/하드웨어	환경
Node.js 14	윈도우, macOS, 리눅스
리액트 17/create-react-app 4	구글 크롬
ECMAScript 2015/타입스크립트 4	

또는 코드샌드박스(CodeSandbox)[3] 같은 온라인 코드 편집 서비스를 이용해도 된다.

이 책의 홈페이지에서 제공하는 깃허브 저장소 링크를 통해 코드를 내려받을 수 있다. 이렇게 하면 코드 복사 및 붙여넣기에 대한 오류를 방지할 수 있다. 그리고 이 책에서 배운 내용을 기반으로 간단한 애플리케이션을 만들어 보면 더 좋다.

예제 코드 다운로드

이 책의 깃허브 저장소에서 예제 코드를 다운로드할 수 있다. 링크는 다음과 같다.

- https://github.com/wikibook/msmrh

책에 나온 코드가 변경될 경우 깃허브 저장소에 반영된다.

표기 규칙

---

3 https://codesandbox.io/

이 책에는 몇 가지 표기 규칙이 있다.

코드: 코드, 데이터베이스 테이블명, 폴더명, 파일명, 파일 확장자, 예제 URL, 사용자 입력과 같은 것을 표기할 때는 다음과 같이 고정폭 글꼴로 표기한다.

- `Counter` 컴포넌트를 다른 스토어에서 재사용하는 것이 좋을 것이다.

코드 블록은 다음과 같이 나타낸다.

```
const ThemeContext = createContext('light');

const Component = () => {
  const theme = useContext(ThemeContext);
  return <div>Theme: {theme}</div>;
};
```

볼드체: 문장 중 새로운 용어나 중요한 용어는 굵게 표기한다. 예를 들어, 메뉴나 대화상자의 단어는 다음과 같이 굵은 글씨로 표기한다.

- **기본 스토어**를 사용할 때 **+1** 버튼을 클릭하면 '**기본 스토어 사용**' 항목의 카운트 두 개가 함께 업데이트되는 것을 볼 수 있다.

> **팁 또는 중요한 메모**
> 이런 식으로 표기한다.

1부

리액트 훅과
마이크로 상태 관리

1부에서는 리액트 훅으로 주목받은 마이크로 상태 관리의 개념을 소개한다. 그리고 2부를 진행하기 전에 useState와 useReducer 훅의 기술적인 측면도 다룰 것이다.

1부는 다음 장으로 이루어져 있다.

- 1장, 리액트 훅을 이용한 마이크로 상태 관리

01

리액트 훅을 이용한
마이크로 상태 관리

상태 관리(state management)는 리액트 애플리케이션을 개발할 때 중요한 문제 중 하나다. 전통적으로 리액트의 상태 관리는 상태 관리를 위한 범용 프레임워크를 사용해 개발자가 해당 프레임워크 내에서 목적에 맞게 해결하는 중앙 집중적인 방식으로 이뤄져왔다.

리액트 훅(React hook)이 등장한 이후로는 상황이 바뀌었다. 상태 관리를 위한 기본적인 훅을 사용할 수 있으며, 이러한 훅은 재사용 가능하고 더 풍부한 기능을 만들기 위한 기반 요소로 사용할 수 있다. 이를 통해 상태 관리를 경량화, 즉 마이크로화할 수 있다. 전통적인 중앙 집중형 상태 관리는 범용적으로 사용되는 반면, **마이크로 상태 관리(micro state management)**는 좀 더 목적 지향적이며 특정한 코딩 패턴과 함께 사용된다.

이 책에서는 리액트 훅을 이용한 다양한 상태 관리 패턴을 살펴보고, 여러 컴포넌트가 상태를 공유할 수 있는 전역 상태를 주로 다룬다. 리액트 훅은 이미 지역 상태, 즉 단일 컴포넌트 또는 소수의 컴포넌트로 구성된 트리 내에서 상태를 다룰 수 있는 훌륭한 기능을 제공한다. 반면 **전역 상태(global state)**는 리액트에서 다루기가 까다로운 주제다. 그 이유는 리액트 훅이 전역 상태를 다룰 수 있는 기능을 제공하지 않아서 전역 상태 관리가 고스란히 커뮤니티와 생태계의 몫이 됐기 때문이다. 이 책에서는 다양한 상태 관리 패턴을 비롯해 마이크로 상태 관리를 위한 몇 가지 라이브러리를 살펴볼 것이며, 각각은 목적과 사용 패턴이 다르다. 이 책에서는 Zustand, Jotai, Valtio, React Tracked에 대해 알아볼 것이다.

> **중요 메모**
>
> 이 책에서는 전역 상태에 대해 집중적으로 다루며 '범용적인' 상태 관리[1]에 대해서는 다루지 않는다. 가장 널리 사용되는 상태 관리 라이브러리 중 하나는 Redux[2]로, 상태 관리에 단방향 데이터 모델을 사용한다. 또 다른 인기 라이브러리인 XState[3]는 복잡한 상태를 시각적으로 표현하는 상태 차트를 구현한다. 두 라이브러리 모두 이 책에서 다루지 않는 정교한 상태 관리 방법을 제공한다. 한편으로 이러한 라이브러리에도 전역 상태에 대한 기능이 있다. 예를 들어, React Redux[4]는 전역 상태를 위해 React와 Redux를 묶어주는 라이브러리로, 이 책에서 다루는 범위 내에 있다. 이 책은 전역 상태에 초점을 맞추기 위해 Redux에 의존하는 React Redux에 대해서는 구체적으로 다루지 않는다.

이번 장에서는 마이크로 상태 관리가 무엇인지 정의하고 리액트 훅으로 어떻게 마이크로 상태 관리를 할 수 있는지, 그리고 전역 상태가 왜 다루기 어려운지 설명한다. 또한 상태 관리를 위한 두 가지 훅의 기본 사용법을 설명하고 유사점과 차이점을 비교할 것이다.

이번 장에서 다룰 주제는 다음과 같다.

- 마이크로 상태 관리 이해하기

- 리액트 훅 사용하기

- 전역 상태 탐구하기

- useState 사용하기

- useReducer 사용하기

- useState와 useReducer의 유사점과 차이점

기술 요구사항

이번 장의 코드를 실행하려면 Create React App(https://create-react-app.dev) 또는 CodeSandbox(https://codesandbox.io) 같은 리액트를 실행할 수 있는 환경이 필요하다.

---

1 (옮긴이) 여기서 범용적이란 특수한 목적만을 처리하기 위한 상태 관리 라이브러리가 아닌 Redux, XState, MobX와 같이 다양한 사례를 처리할 수 있는 상태 관리 라이브러리를 말한다.

2 https://redux.js.org

3 https://xstate.js.org

4 https://react-redux.js.org

그리고 리액트와 리액트 훅에 대한 기본 지식이 필요하다. 정확히는 공식 리액트 문서(https://reactjs.org/docs/getting-started.html)를 숙지하고 있어야 한다.

이 책에서는 클래스 컴포넌트를 사용하지 않으며, 클래스 컴포넌트가 포함된 기존 코드를 분석해야 하는 경우가 아니라면 굳이 배울 필요는 없다.

이번 장의 코드는 다음 깃허브 저장소에서 확인할 수 있다.

- https://github.com/wikibook/msmrh/tree/main/chapter01

마이크로 상태 관리 이해하기

마이크로 상태 관리란 무엇일까? 아직 공식적인 정의는 없지만 이 책에서 한번 정의해 보려고 한다.

> **중요 메모**
>
> 여기서 정의하는 내용은 향후 커뮤니티 표준을 반영하지 않을 수도 있다.

리액트에서 **상태**는 **사용자 인터페이스(UI)**를 나타내는 모든 데이터를 말한다. 상태는 시간이 지남에 따라 변할 수 있으며 리액트는 상태와 함께 렌더링할 컴포넌트를 처리한다.

리액트 훅이 나오기 전까지는 중앙 집중형 상태 관리 라이브러리를 사용하는 것이 일반적이었다. 단 하나만 존재하는 상태로도 더 나은 개발자 경험을 위해 다양한 상황을 포괄적으로 지원할 수도 있겠지만 때로는 중앙 집중형 상태 관리 라이브러리에 사용되지 않는 기능까지 포함될 수 있어 과한 측면도 있었다. 리액트 훅이 등장하면서 상태를 생성하는 새로운 방법이 생겼다. 이를 통해 특정 목적에 따라 다른 해결책을 제공할 수 있게 됐다. 몇 가지 예시를 살펴보자.

- 폼(form) 상태는 전역 상태와 별도로 처리해야 하는데, 이는 단일 상태로는 해결할 수 없다.
- 서버 캐시 상태는 다른 상태와는 다른 리페칭(refetching, 다시 불러오기) 같은 몇 가지 고유한 특성이 있다.
- 내비게이션 상태는 원 상태가 브라우저에 있다는 특수한 요건이 있기 때문에 단일 상태는 적합하지 않다.

이러한 문제를 해결하는 것이 리액트 훅의 목표 중 하나라고 할 수 있다. 리액트 훅은 다양한 상태를 각기 특정한 방법으로 처리하는 방향으로 만들어지고 있다. 폼 상태, 서버 캐시 상태 등을 해결하기 위한 여러 리액트 훅 기반 라이브러리[5]가 존재한다.

그렇지만 목적 지향적인 방법으로 처리할 수 없는 상태도 있기에 여전히 범용적인 상태 관리가 필요하다. 범용적인 상태 관리가 필요한 작업 비율은 애플리케이션에 따라 다르다. 예를 들어, 서버 상태를 주로 다루는 애플리케이션이라면 하나 또는 소수의 전역 상태만 필요할 것이다. 반면 풍부한 그래픽을 제공하는 애플리케이션은 서버 상태만 필요한 애플리케이션에 비해 많은 전역 상태가 필요할 것이다.

따라서 범용적인 상태 관리를 위한 방법은 가벼워야 하며, 개발자는 요구사항에 따라 적절한 방법을 선택할 수 있어야 한다. 이를 가리켜 마이크로 상태 관리라고 한다. 이 개념을 정의하자면 리액트의 가벼운 상태 관리라고 할 수 있으며, 각 상태 관리 방법마다 서로 다른 기능을 가지며, 개발자는 애플리케이션 요구사항에 따라 적합한 방법을 선택할 수 있다.

마이크로 상태 관리는 개발자의 다양한 요구사항을 충족하기 위해 몇 가지 필수적인 기능이 필요하다. 즉, 다음과 같은 작업을 수행하기 위한 기본적인 상태 관리 기능이 필요하다.

- 상태 읽기
- 상태 갱신
- 상태 기반 렌더링

하지만 다른 작업을 수행하기 위해 다음과 같은 추가적인 기능이 필요할 수 있다.

- 리렌더링 최적화
- 다른 시스템과의 상호 작용
- 비동기 지원
- 파생 상태
- 간단한 문법 등

---

5 (옮긴이) 예를 들어, 폼 상태 관리로 Formik이 있고 서버 캐시 상태 관리로 useSWR이나 React Query와 같은 라이브러리가 있다.

그렇지만 이 모든 기능이 필요한 것은 아니며, 일부 기능은 서로 충돌할 수도 있다. 따라서 마이크로 상태 관리를 사용하는 방법은 하나만 있는 것이 아니라 다양한 요구사항에 맞는 여러 방법이 있다.

마이크로 상태 관리와 관련 라이브러리에 대해 언급해야 할 또 다른 관점은 학습 곡선이다. 학습의 용이성은 범용적인 상태 관리에서도 중요하지만, 마이크로 상태 관리에서 다루는 사용 사례는 더 적기 때문에 배우기가 더 쉬워야 한다. 학습 곡선이 완만하면 개발자 경험이 향상되고 생산성이 높아진다.

이번 절에서는 마이크로 상태 관리가 무엇인지 알아봤다. 다음으로 상태를 처리하는 몇 가지 리액트 훅에 대해 알아보자.

리액트 훅 사용하기

마이크로 상태 관리를 하기 위해서는 리액트 훅이 필수다. 리액트 훅에는 다음과 같이 상태 관리 방법을 구현하기 위한 몇 가지 기본 리액트 훅이 포함돼 있다.

- useState 훅은 지역 상태를 생성하는 기본적인 함수로, 로직을 캡슐화하고 재사용 가능하다는 리액트 훅의 특징이 있다. 그래서 useState를 기반으로 다양한 사용자 정의 훅을 만들 수 있다.

- useReducer 훅도 지역 상태를 생성할 수 있으며, useState를 대체하는 용도로 자주 사용된다. 이번 장의 뒷부분에서 useState와 useReducer 훅을 다시 살펴보며 유사점과 차이점에 대해 알아볼 것이다.

- useEffect 훅을 이용하면 리액트 렌더링 프로세스 바깥에서 로직을 실행할 수 있다. 특히 전역 상태를 다루기 위한 상태 관리 라이브러리를 개발할 때 중요한데, 그 이유는 리액트 컴포넌트 생명 주기와 함께 작동하는 기능을 구현할 수 있기 때문이다.

리액트 훅이 참신한 이유는 UI 컴포넌트에서 로직을 추출할 수 있기 때문이다. 다음은 useState 훅을 사용하는 카운터 예제다.

```
const Component = () => {
  const [count, setCount] = useState(0);

  return (
```

```
    <div>
      {count}
      <button onClick={() => setCount((c) => c + 1)}>
        +1
      </button>
    </div>
  );
};
```

위 예제에서 로직을 추출하는 방법을 알아보자. 다음과 같이 useCount라는 이름의 사용자 정의 훅을 만들어 동일한 카운터 예제를 만들 수 있다.

```
const useCount = () => {
  const [count, setCount] = useState(0);
  return [count, setCount];
};

const Component = () => {
  const [count, setCount] = useCount();

  return (
    <div>
      {count}
      <button onClick={() => setCount((c) => c + 1)}>
        +1
      </button>
    </div>
  );
};
```

크게 달라진 것이 없기 때문에 불필요하게 복잡해졌다고 생각할 수 있다. 하지만 다음 두 가지 관점을 생각해 보자.

- useCount라는 이름을 통해 더 명확해졌다.

- Component가 useCount 구현과 분리됐다.

첫 번째는 일반적으로 프로그래밍에서 매우 중요한 점이다. 사용자 정의 훅을 통해 이름을 적절하게 지정하면 코드의 가독성이 더 좋아진다. useCount 대신 useScore, usePercentage, usePrice 같은 이름을 사용할 수도 있다. 구현이 동일하더라도 이름이 다르면 다른 종류의 훅으로 여길 수 있다. 이름을 적절하게 짓는 것은 매우 중요하다.

두 번째는 마이크로 상태 관리 라이브러리에서도 중요하다. useCount가 Component에서 분리됐으므로 컴포넌트를 건드리지 않고도 기능을 추가할 수 있다.

예를 들어, 카운트가 바뀔 때 콘솔에 디버깅 로그를 출력하고 싶다면 다음과 같이 코드를 작성하면 된다.

```
const useCount = () => {
  const [count, setCount] = useState(0);

  useEffect(() => {
    console.log('count is changed to', count);
  }, [count]);

  return [count, setCount];
};
```

useCount 로직만 변경해서 디버깅 로그를 출력하는 기능을 추가할 수 있다. 컴포넌트를 수정할 필요가 전혀 없다. 이것이 바로 로직을 사용자 정의 훅으로 분리했을 때의 장점이다.

새로운 규칙을 추가하는 것도 가능하다. 카운트가 임의의 숫자로 변경되는 것을 허용하지 않고 1씩 증가시키고 싶다고 가정해 보자. 사용자 정의 훅을 다음과 같이 수정하면 된다.

```
const useCount = () => {
  const [count, setCount] = useState(0);
  const inc = () => setCount((c) => c + 1);

  return [count, inc];
};
```

이처럼 다양한 목적에 맞는 사용자 정의 훅을 제공할 수 있다. 단순히 작은 기능을 추가하는 래퍼(wrapper)가 될 수도 있고 더 큰 역할을 하는 거대한 훅이 될 수도 있다.

노드 패키지 매니저(npm)[6]나 깃허브[7]에서 오픈소스로 공개된 다양한 사용자 정의 훅을 찾아볼 수 있다.

서스펜스(suspense)와 동시성 렌더링(concurrent rendering)에 대해서도 알아볼 필요가 있다. 리액트 훅은 서스펜스 혹은 동시성 렌더링과 함께 작동하도록 설계 및 개발됐기 때문이다.

데이터 불러오기를 위한 서스펜스와 동시성 렌더링

데이터 불러오기[8]를 위한 서스펜스와 동시성 렌더링은 아직 릴리스되지 않았지만 중요하기 때문에 간략하게 짚고 넘어가겠다.

> **중요 메모**
>
> 데이터 불러오기를 위한 서스펜스와 동시성 렌더링은 공식적으로 릴리스될 때 이름이 달라질 수 있지만 이 책을 쓰는 시점에는 해당 이름을 사용하고 있다.[9]

데이터 불러오기를 위한 서스펜스는 기본적으로 비동기 처리(async)에 대한 걱정 없이 컴포넌트를 코딩할 수 있는 방법이다.

동시성 렌더링은 렌더링 프로세스를 청크(chunk)라는 단위로 분할해서 **중앙 처리 장치(CPU)**가 장시간 차단되는 것을 방지하는 방법이다.

리액트 훅은 이러한 메커니즘과 함께 작동하도록 설계됐지만 잘못 사용하지 않도록 주의해야 한다.

예를 들어, 기존 state 객체나 ref 객체를 직접 변경[10]해서는 안 된다는 규칙이 있다. 직접 변경할 경우 리렌더링되지 않거나, 너무 많은 리렌더링이 발생하거나, 부분적인 리렌더링(일부 컴포넌트는 렌더링되지만 다른 컴포넌트는 렌더링되지 않는 경우)이 발생하는 등 예기치 않은 동작이 발생할 수 있다.

---

6 https://www.npmjs.com/search?q=react%20hooks
7 https://github.com/search?q=react+hooks&type=repositories
8 (옮긴이) 비동기로 데이터를 불러오는 것을 말한다. 네트워크를 통해 API를 호출하거나 파일을 불러올 때 발생한다.
9 (옮긴이) 현재 리액트 최신 버전(React 18)에서 서스펜스와 동시성 렌더링이 릴리스됐다.
10 (옮긴이) state = 1과 같이 직접 접근해서 변경하는 것을 말한다.

리액트 훅 함수와 컴포넌트 함수는 여러 번 호출될 수 있다. 따라서 함수가 여러 번 호출되더라도 일관되게 동작할 수 있게 충분히 '순수'해야 한다는 규칙이 있다.

앞의 두 규칙은 개발자들이 자주 위반하는 규칙이다. 이런 규칙을 위반한 코드를 작성하더라도 비동시성 렌더링(Non-Concurrent Rendering)에서는 문제없이 작동하기 때문에 개발자들은 잘못됐다는 것을 알아차리지 못한다. 심지어 동시성 렌더링에서도 어느 정도 문제없이 작동할 수 있어서 문제가 간헐적으로 발생할 수 있다. 이는 리액트를 처음 사용하는 초보자에게는 특히 어려운 문제다.

이러한 개념에 익숙하지 않다면 향후 리액트 버전에 맞춰 잘 설계되고 철저하게 테스트를 거친 마이크로 상태 관리 라이브러리를 사용하는 것이 좋다.

중요 메모

이 글을 쓰는 시점을 기준으로 동시성 렌더링은 React 18 작업 그룹(Working Group)에 설명돼 있으며 다음 URL에서 확인할 수 있다.

- https://github.com/reactwg/react-18/discussions

이번 절에서는 기본적인 리액트 훅을 다시 살펴보고 그 개념에 대해 알아보았다. 다음으로 이 책의 주요 주제인 전역 상태에 대해 알아보자.

전역 상태 탐구하기

리액트는 컴포넌트에서 정의되고 컴포넌트 트리 내에서 사용되는 상태에 대해 useState와 같은 기본적인 훅을 제공한다. 이를 흔히 지역 상태라고 부른다.

지역 상태를 사용하는 다음 예제를 살펴보자.

```
const Component = () => {
  const [state, setState] = useState();

  return (
    <div>
      {JSON.stringify(state)}
```

```
        <Child state={state} setState={setState} />
      </div>
    );
  };

  const Child = ({ state, setState }) => {
    const setFoo = () => setState(
      (prev) => ({ ...prev, foo: 'foo' })
    );

    return (
      <div>
        {JSON.stringify(state)}
        <button onClick={setFoo}>Set Foo</button>
      </div>
    );
  };
```

반면 전역 상태는 애플리케이션 내 서로 멀리 떨어져 있는 여러 컴포넌트에서 사용하는 상태다. 전역 상태가 싱글턴(singleton)[11]일 필요는 없으며, 싱글턴이 아니라는 점을 명확히 하기위해 전역 상태를 공유 상태(shared state)라 부르기도 한다.

다음 예제를 통해 리액트 컴포넌트에서 전역 상태가 어떤 형태인지 확인할 수 있다.

```
  const Component1 = () => {
    const [state, setState] = useGlobalState();

    return (
      <div>
        {JSON.stringify(state)}
      </div>
    );
  };
```

---

11 (옮긴이) 프로그램 내에서 객체가 단 하나만 존재하게 만드는 디자인 패턴이다. 자바스크립트에서는 전역 변수를 만들 경우 최상위 객체
   인 window에 포함된다. 이를 싱글턴처럼 사용할 수 있다.

```
const Component2 = () => {
  const [state, setState] = useGlobalState();

  return (
    <div>
      {JSON.stringify(state)}
    </div>
  );
};
```

아직 useGlobalState를 정의하지 않았기 때문에 코드는 작동하지 않을 것이다. 다만 여기서 Component와 Component2가 같은 상태를 공유하기를 기대할 것이다.

리액트에서 전역 상태를 구현하는 것은 간단한 작업이 아니다. 그 이유는 리액트가 컴포넌트 모델에 기반하기 때문이다. 컴포넌트 모델에서는 지역성(locality)이 중요하며, 이는 컴포넌트가 서로 격리돼야 하고 재사용이 가능해야 한다는 것을 의미한다.

> **컴포넌트 모델에 대한 참고 사항**
>
> 컴포넌트는 함수처럼 재사용 가능한 하나의 단위다. 컴포넌트를 한 번 정의하면 여러 번 사용하는 것이 가능하다. 이는 컴포넌트가 독립적인 경우에만 가능하다. 컴포넌트가 컴포넌트 외부에 의존하는 경우 동작이 일관되지 않을 수 있으므로 재사용이 불가능할 수 있다. 따라서 엄밀하게 말하면 컴포넌트 자체는 전역 상태에 가급적 의존하지 않는 것이 좋다.

리액트는 전역 상태에 대한 직접적인 해결책을 제공하지 않기 때문에 이는 개발자와 커뮤니티의 몫이 된다. 지금까지 많은 해결책이 제안돼 왔으며 각 해결책마다 장단점이 있다. 이 책의 목표는 일반적인 해결책을 보여주고 각각의 장단점을 논의하는 것이며, 이어지는 장에서 다음과 같은 주제를 다룰 것이다.

- 3장, 리액트 컨텍스트를 이용한 컴포넌트 상태 공유

- 4장, 구독을 이용한 모듈 상태 공유

- 5장, 리액트 컨텍스트와 구독을 이용한 컴포넌트 상태 공유

이번 절에서는 리액트 훅을 사용한 전역 상태가 어떤 모습일지 알아봤다. 이어지는 장에서 다룰 내용을 위해 useState의 기본적인 사항들을 알아보자.

useState 사용하기

이번 절에서는 useState의 기본 사용법부터 고급 사용법까지 알아본다. 새로운 값으로 상태를 갱신하는 가장 간단한 형태부터 강력한 기능인 함수로 상태를 갱신하는 방법과 지연 초기화(lazy initialization)에 대해 알아보겠다.

값으로 상태 갱신하기

useState로 상태 값을 갱신하는 한 가지 방법은 새로운 값을 제공하는 것이다. useState가 반환하는 함수에 새로운 값을 전달하면 기존 상태 값이 새로운 값으로 대체된다.

카운터 예제를 통해 상태를 어떻게 갱신하는지 살펴보자.

```
const Component = () => {
  const [count, setCount] = useState(0);

  return (
    <div>
      {count}
      <button onClick={() => setCount(1)}>
        Set Count to 1
      </button>
    </div>
  );
};
```

예제를 보면 onClick에서 setCount에 값으로 1을 전달한다. 버튼을 클릭하면 Component가 Set Count to 1로 리렌더링된다.

버튼을 다시 클릭하면 어떤 일이 발생할까? setCount(1)을 다시 호출하지만 동일한 값이기 때문에 '베일아웃'되어 컴포넌트가 다시 렌더링되지 않는다. 여기서 **베일아웃**(bailout)이란 리액트 기술 용어로, 리렌더링을 발생시키지 않는 것을 의미한다.

다른 예제를 살펴보자.

```
const Component = () => {
  const [state, setState] = useState({ count: 0 });

  return (
    <div>
      {state.count}
      <button onClick={() => setState({ count: 1 })}>
        Set Count to 1
      </button>
    </div>
  );
};
```

버튼을 처음 클릭하면 이전 예제와 똑같이 작동하지만 버튼을 다시 클릭하면 컴포넌트가 리렌더링된다. 하지만 카운트가 변경되지 않았기 때문에 화면상으로는 차이가 없다. 리렌더링되는 이유는 두 번째 클릭을 통해 { count: 1 }이라는 새로운 객체가 생성되는데, 이것이 이전 객체와 동일하지 않기 때문이다.

이 경우 흔히 다음과 같은 잘못된 코드를 작성하게 된다.

```
const Component = () => {
  const [state, setState] = useState({ count: 0 });

  return (
    <div>
      {state.count}
      <button
        onClick={() => { state.count = 1; setState(state); }}
      >
        Set Count to 1
      </button>
    </div>
  );
};
```

이 예제는 예상대로 작동하지 않는다. 버튼을 클릭해도 리렌더링되지 않는다. 이는 state 객체가 실제로 변경되지 않았기 때문[12]에 베일아웃되어 리렌더링이 발생하지 않는 것이다.

마지막으로 값을 갱신하는 흥미로운 방법이 있다. 다음 예제 코드를 살펴보자.

```
const Component = () => {
  const [count, setCount] = useState(0);

  return (
    <div>
      {count}
      <button onClick={() => setCount(count + 1)}>
        Set Count to {count + 1}
      </button>
    </div>
  );
};
```

버튼을 클릭하면 카운트가 증가하는데, 버튼을 두 번 빠르게 클릭해도 한 번만 증가한다. 이 같은 작동 방식이 버튼의 제목과 일치하므로 바람직할 수 있지만, 실제로 버튼을 클릭한 횟수를 세야 한다면 그렇지 않다. 이를 위해 갱신 함수가 필요하다.

함수로 상태 갱신하기

useState로 상태를 갱신하는 또 다른 방법은 갱신 함수를 사용하는 것이다. 다음은 함수로 상태를 갱신하는 카운터 예제다.

```
const Component = () => {
  const [count, setCount] = useState(0);

  return (
    <div>
```

---

12 (옮긴이) 자바스크립트에서 원시 타입을 제외한 모든 타입은 객체이며 참조 타입이다. 원시 타입은 값이 할당되면 새로운 메모리 주소를 참조하지만 객체는 객체 내부의 값만 수정하는 경우 객체 자체의 메모리 주소가 변경되지 않는다. 따라서 참조하는 메모리 주소만 비교하는 리액트의 지역 상태 특성상 변화를 감지하지 못한다. 참고로 객체 간 참조하는 메모리 주소만 비교하는 것을 얕은 비교라 부른다.

```
    {count}
    <button onClick={() => setCount((c) => c + 1)}>
      Increment Count
    </button>
  </div>
 );
};
```

예제를 보면 (c) => c + 1이 호출되면서 실제로 버튼을 클릭한 횟수를 센다. 이전 절의 Set Count to {count + 1} 예제처럼 값 갱신은 동일하다. 대부분의 경우 갱신 함수는 이전 값을 기반으로 갱신하는 경우에 유용하다. Set Count to {count + 1} 예제는 이전 값에 기반하지 않고 화면에 표시된 값에 기반한다.

갱신 함수를 통한 베일아웃도 가능하다. 다음 예제를 보자.

```
const Component = () => {
  const [count, setCount] = useState(0);

  useEffect(() => {
    const id = setInterval(
      () => setCount((c) => c + 1),
      1000,
    );
    return () => clearInterval(id);
  }, []);

  return (
    <div>
      {count}
      <button
        onClick={() =>
          setCount((c) => c % 2 === 0 ? c : c + 1)}
      >
        Increment Count if it makes the result even
      </button>
    </div>
```

```
  );
};
```

갱신 함수가 이전 상태와 정확히 동일한 상태를 반환하는 경우 베일아웃이 발생하고 컴포넌트는 리렌더링되지 않는다. 예를 들어, setCount((c) => c)를 호출하는 경우 절대로 리렌더링되지 않는다.

지연 초기화

useState는 첫 번째 렌더링에서만 평가되는 초기화 함수를 받을 수 있다. 다음 예제를 보자.

```
const init = () => 0;

const Component = () => {
  const [count, setCount] = useState(init);

  return (
    <div>
      {count}
      <button onClick={() => setCount((c) => c + 1)}>
        Increment Count
      </button>
    </div>
  );
};
```

0을 반환하는 것이 성능에 영향을 주는 것이 아니기 때문에 예제에서 init 함수를 사용하는 것은 크게 효과적이지 않지만, 중요한 것은 init 함수가 무거운 계산을 포함할 수 있고 초기 상태를 가져올 때만 호출된다는 것이다. useState가 호출되기 전까지 init 함수는 평가되지 않고 느리게 평가[13]된다. 즉, 컴포넌트가 마운트(mount)될 때 한 번만 호출된다.

이제 useState를 사용하는 방법을 배웠으니 다음으로 useReducer에 대해 알아보자.

---

13 (옮긴이) 이를 느긋한 계산법 혹은 지연 평가(lazy evaluation)라 한다. 보편적으로 이 책에서 말하는 것처럼 필요한 시점에 계산되는 것을 말한다.

useReducer 사용하기

이번 절에서는 useReducer를 사용하는 방법을 알아보겠다. useReducer의 기본 사용법과 베일아웃하는 방법, 원시 값과 함께 사용하는 방법, 지연 초기화에 대해 알아본다.

기본 사용법

리듀서(reducer)는 복잡한 상태에 유용하다. 다음은 두 개의 속성을 가진 객체가 있는 간단한 예제다.

```
const reducer = (state, action) => {
  switch (action.type) {
    case 'INCREMENT':
      return { ...state, count: state.count + 1 };
    case 'SET_TEXT':
      return { ...state, text: action.text };
    default:
      throw new Error('unknown action type');
  }
};

const Component = () => {
  const [state, dispatch] = useReducer(
    reducer,
    { count: 0, text: 'hi' },
  );
  return (
    <div>
      {state.count}
      <button
        onClick={() => dispatch({ type: 'INCREMENT' })}
      >
        Increment count
      </button>
      <input
        value={state.text}
```

```
          onChange={(e) =>
            dispatch({ type: 'SET_TEXT', text: e.target.value })}
      />
    </div>
  );
};
```

useReducer를 사용하면 미리 정의된 리듀서 함수와 초기 상태를 매개변수로 받아 리듀서를 함
수를 정의할 수 있다. 훅 외부에서 리듀서 함수를 정의하면 코드를 분리할 수 있다는 것과 테스
트 용이성 측면에서 이점이 있다. 리듀서 함수는 순수 함수이기 때문에 동작을 테스트하기가
더 쉽다.

베일아웃

베일아웃은 useState뿐만 아니라 useReducer에서도 작동한다. 이전 예제를 사용해 action.
text가 비어 있을 때 베일아웃되도록 다음과 같이 리듀서 함수를 수정해 보자.

```
const reducer = (state, action) => {
  switch (action.type) {
    case 'INCREMENT':
      return { ...state, count: state.count + 1 };
    case 'SET_TEXT':
      if (!action.text) {
        // 베일아웃
        return state
      }
      return { ...state, text: action.text };
    default:
      throw new Error('unknown action type');
  }
};
```

state 자체를 반환해야 한다는 것이 중요하다. { ...state, text: action.text || state.
text }를 반환하면 새로운 객체가 생성되기 때문에 베일아웃이 발생하지 않는다.

원시 값

useReducer는 객체가 아닌 값, 즉 숫자나 문자열 같은 원시 값에 대해 작동한다. useReducer
에 원시 값을 사용하는 것은 외부에서 복잡한 리듀서 로직을 정의할 수 있기 때문에 여전히 유
용하다.

```
const reducer = (count, delta) => {
  if (delta < 0) {
    throw new Error('delta cannot be negative');
  }
  if (delta > 10) {
    // 너무 크다면 무시
    return count
  }
  if (count < 100) {
    // 보너스를 더한다
    return count + delta + 10
  }
  return count + delta
}
```

액션(=delta)에 객체가 없어도 된다는 점에 주목하자. 이 리듀서 예제에서 상태 값은 숫자(원
시 값)이지만 단순히 숫자를 더하는 것보다 더 많은 조건이 있어 복잡하다.

지연 초기화(init)

useReducer에는 두 개의 매개변수가 필요하다. 첫 번째는 리듀서 함수고, 두 번째는 초기 상태
다. useReducer는 지연 초기화를 위해 init이라는 세 번째 선택적인 매개변수를 받을 수 있다.

예를 들어, useReducer를 다음과 같이 사용할 수 있다.

```
const init = (count) => ({ count, text: 'hi' });

const reducer = (state, action) => {
  switch (action.type) {
```

```
    case 'INCREMENT':
      return { ...state, count: state.count + 1 };
    case 'SET_TEXT':
      return { ...state, text: action.text };
    default:
      throw new Error('unknown action type');
  }
};

const Component = () => {
  const [state, dispatch] = useReducer(reducer, 0, init);
  return (
    <div>
      {state.count}
      <button
        onClick={() => dispatch({ type: 'INCREMENT' })}
      >
        Increment count
      </button>
      <input
        value={state.text}
        onChange={(e) => dispatch({
          type: 'SET_TEXT',
          text: e.target.value,
        })}
      />
    </div>
  );
};
```

init 함수는 컴포넌트가 마운트될 때 한 번만 호출되므로 무거운 연산을 포함할 수 있다.
useState와 달리 init 함수는 useReducer의 두 번째 인수인 initialArg를 받는다.

이제 useState와 useReducer를 각각 살펴봤으니 어떤 유사점과 차이점이 있는지 살펴보자.

useState와 useReducer의 유사점과 차이점

이번 절에서는 useState와 useReducer의 유사점과 차이점을 알아본다.

useReducer를 이용한 useState 구현

useReducer로 useState를 구현하는 것은 100% 가능하다. 실제로 리액트 내부에서 useState 는 useReducer로 구현돼 있다.

> **중요 메모**
>
> 향후에는 useState가 더 효율적으로 구현될 수 있으므로 지금과 달라질 수 있다.

다음은 useReducer로 useState를 구현한 예제다.

```
const useState = (initialState) => {
  const [state, dispatch] = useReducer(
    (prev, action) =>
      typeof action === 'function' ? action(prev) : action, initialState
  );
  return [state, dispatch];
};
```

이 과정을 다음과 같이 단순화하고 개선할 수 있다.

```
const reducer = (prev, action) =>
  typeof action === 'function' ? action(prev) : action;

const useState = (initialState) =>
  useReducer(reducer, initialState);
```

여기서 useState로 할 수 있는 일은 useReducer로 할 수 있다는 것을 증명했다. 따라서 useState가 사용되는 곳이라면 어디든 useReducer로 대체할 수 있다.

useState를 이용한 useReducer 구현

이번에는 반대로 useReducer를 useState로 대체할 수 있는지 살펴보자. 놀랍게도 거의 가능하다. '거의'라는 말은 미묘한 차이가 있다는 뜻이다. 일반적으로 사람들은 useReducer가 useState보다 더 유연할 것으로 기대하기 때문에 실제로 useState가 충분히 유연한지 살펴보자.

```
const useReducer = (reducer, initialState) => {
  const [state, setState] = useState(initialState);
  const dispatch = (action) =>
    setState(prev => reducer(prev, action));
  return [state, dispatch];
};
```

기본 기능 외에도 지연 초기화를 구현할 수 있다. 또한 다음과 같이 useCallback을 사용해 안정적인 디스패치(dispatch) 함수를 구현할 수 있다.

```
const useReducer = (reducer, initialArg, init) => {
  const [state, setState] = useState(
    init ? () => init(initialArg) : initialArg,
  );
  const dispatch = useCallback(
    (action) => setState(prev => reducer(prev, action)),
    [reducer]
  );
  return [state, dispatch];
};
```

이 구현은 useReducer를 대체하는 용도로 거의 완벽하게 작동한다. 대부분의 useReducer 사용 사례는 이 구현으로 처리될 가능성이 매우 높다.

하지만 두 가지 미묘한 차이점이 있다. 말 그대로 미묘한 차이점이기 때문에 너무 자세히 따질 필요는 없다. 다음 두 하위 절에서 이에 대해 자세히 알아보고 더 깊이 이해해 보자.

초기화 함수 사용하기

한 가지 차이점은 reducer와 init을 훅이나 컴포넌트 외부에서 정의할 수 있다는 점이다. 이는 useReducer에서만 가능하고 useState에서는 불가능하다.

간단한 카운터 예제를 살펴보자.

```
const init = (count) => ({ count });
const reducer = (prev, delta) => ({ ...prev, count: prev.count + delta });

const ComponentWithUseReducer = ({ initialCount }) => {
  const [state, dispatch] = useReducer(
    reducer,
    initialCount,
    init
  );

  return (
    <div>
      {state.count}
      <button onClick={() => dispatch(1)}>+1</button>
    </div>
  );
};

const ComponentWithUseState = ({ initialCount }) => {
  const [state, setState] = useState(() => init(initialCount));
  const dispatch = (delta) => setState((prev) => reducer(prev, delta));

  return (
    <div>
      {state.count}
      <button onClick={() => dispatch(1)}>+1</button>
    </div>
  );
};
```

ComponentWithUseState에서 볼 수 있듯이 useState에는 두 개의 인라인 함수가 필요한 반면 ComponentWithUseReducer에는 인라인 함수가 없다. 사소한 차이점으로 보일 수 있지만 일부 인터프리터나 컴파일러는 인라인 함수 없이도 최적화가 더 잘 될 수 있다.

인라인 리듀서 사용하기

인라인 리듀서 함수는 외부 변수[14]에 의존할 수 있다. 이는 useReducer에서만 가능하며 useState에서는 불가능하다. 이 기능은 useReducer만의 특별한 기능이다.

> **중요 메모**
>
> 이 기능은 일반적으로는 사용되지 않으며 꼭 필요한 경우가 아니라면 권장하지 않는다.

따라서 기술적으로 다음과 같은 코드도 가능하다.

```
const useScore = (bonus) =>
  useReducer((prev, delta) => prev + delta + bonus, 0);
```

이 코드는 bonus와 delta가 모두 갱신된 경우에도 올바르게 작동[15]한다.

useState를 사용하면 제대로 작동하지 않는다. 이전 렌더링에서 사용된 이전 bonus 값을 사용하게 된다. 이는 useReducer가 렌더링 단계에서 리듀서 함수를 호출하기 때문이다.

앞서 중요 메모에서 언급했듯이 이 기능은 일반적으로 사용되지 않으므로 전반적으로 이 특별한 기능만 제외하면 useReducer와 useState는 기본적으로 동일하며 상호 교환 가능하다고 말할 수 있다. 각자 선호도나 프로그래밍 스타일에 따라 둘 중 하나를 선택하면 된다.

---

14 (옮긴이) 리액트의 지역 상태가 아닌 전역 변수 혹은 컴포넌트 내에서 useRef를 통해 생성한 값을 말한다. 하지만 엄밀히 따지자면 모든 값에 대해서 대응이 가능하다.

15 (옮긴이) 예를 들어 useBonus에 주입하는 bonus 값을 변경한 후 바로 dispatch를 실행하는 경우를 말한다.

정리

이번 장에서는 상태 관리에 대해 살펴보고 리액트 훅에서 중요한 역할을 하는 마이크로 상태 관리를 정의했다. 다음 장으로 넘어가기 전에 상태 관리에 사용되는 useState와 useReducer 훅에 대해서도 배우고 유사점과 차이점을 살펴봤다.

다음 장에서는 전역 상태에 대해 자세히 알아본다. 이를 위해 지역 상태와 지역 상태가 작동하는 경우에 대해 논의한 다음, 전역 상태가 필요한 경우를 살펴볼 것이다.

2부

전역 상태에 대한
기초적인 접근법

리액트에서 전역 상태를 효과적으로 사용하는 방법은 여러 가지가 있다. 여기서는 그중 리렌더링 최적화를 집중적으로 다룰 것이다. 리렌더링 최적화가 중요한 이유는 여러 컴포넌트에서 전역 상태를 사용하기 때문이다. 2부에서는 세 가지 패턴, 즉 리액트 컨텍스트를 사용하는 방법, 구독을 사용하는 방법, 컨텍스트와 구독을 둘 다 사용하는 방법을 다룰 것이다. 그리고 이 세 가지 패턴이 리렌더링을 어떻게 최적화하는지 알아볼 것이다.

2부의 구성은 다음과 같다.

- 2장, 지역 상태와 전역 상태 사용하기
- 3장, 리액트 컨텍스트를 이용한 컴포넌트 상태 공유
- 4장, 구독을 이용한 모듈 상태 공유
- 5장, 리액트 컨텍스트와 구독을 이용한 컴포넌트 상태 공유

02

지역 상태와
전역 상태 사용하기

리액트 컴포넌트는 트리 구조를 구성한다. 트리 구조에서 하위 트리 내에 상태를 만드는 것은 간단하다. 단순히 트리의 상위 컴포넌트에서 지역 상태를 만들고 컴포넌트와 자식 컴포넌트에서 해당 상태를 사용하기만 하면 된다. 이런 방법은 지역성과 재사용성 측면에서 좋기 때문에 보통 이런 전략을 따르는 것이 권장된다.

하지만 특정 상황에서는 트리 내 서로 멀리 떨어져 있는 둘 이상의 컴포넌트에 공통적인 상태가 필요한 경우가 있다. 이런 경우 전역 상태가 필요하다. 전역 상태는 지역 상태와는 다르게 개념적으로 특정 컴포넌트에 속해 있지 않으므로 전역 상태를 저장하는 위치를 고려해야 한다.

이번 장에서는 지역 상태를 비롯해 컴포넌트 트리에서 정보를 상위 컴포넌트로 전달하는 기법인 끌어올리기(lifting-up) 패턴을 배울 것이다. 그다음, 전역 상태에 대해 자세히 알아보고 언제 전역 상태를 사용하는 것이 좋을지 배울 것이다.

이번 장에서는 다음과 같은 주제를 다룬다.

- 지역 상태를 사용해야 할 때
- 지역 상태를 효과적으로 사용하는 방법
- 전역 상태 사용하기

기술 요구사항

이번 장의 코드를 실행하려면 Create React App(https://create-react-app.dev) 또는 CodeSandbox(https://codesandbox.io) 같은 리액트를 실행할 수 있는 환경이 필요하다.

그리고 컴포넌트 트리(https://reactjs.org/docs/components-and-props.html)와 useState 훅(https://reactjs.org/docs/hooks-reference.html#usestate)에 대한 개념 등 리액트 및 리액트 훅에 대한 기본 지식이 필요하다.

이번 장의 코드는 다음 깃허브 저장소에서 확인할 수 있다.

- https://github.com/wikibook/msmrh/tree/main/chapter02

언제 지역 상태를 사용할까?

리액트를 다루기 전에 우선 자바스크립트 함수가 어떻게 작동하는지 살펴보자. 자바스크립트 함수는 크게 순수 함수와 비순수 함수로 나눌 수 있다. 순수 함수는 오직 인수에만 의존하며 동일한 인수를 받은 경우 동일한 값을 반환한다. 상태는 인수 외부의 값을 말하며 상태에 의존하는 함수는 순수하지 않게 된다. 리액트 컴포넌트도 마찬가지로 자바스크립트 함수이기 때문에 순수할 수 있지만 컴포넌트 내에서 상태를 사용할 경우 순수하지 않게 된다. 그러나 상태가 컴포넌트 내에서만 사용된다면 다른 컴포넌트에 영향을 미치지 않는다. 앞으로 이 책에서 이런 특성을 가리켜 '억제됨(contained)'이라고 표현할 것이다.

이번 절에서는 자바스크립트 함수에 대해 배우고 리액트 컴포넌트와 자바스크립트 함수가 얼마나 유사한지 알아본다. 그 후 지역 상태가 개념적으로 어떻게 구현되는지 살펴본다.

함수와 인수

자바스크립트에서 함수는 인수를 받아서 값을 반환한다. 예를 들어, 다음은 간단한 함수다.

```
const addOne = (n) => n + 1;
```

이 함수는 같은 인수에 대해 항상 같은 값을 반환하는 순수 함수다. 순수 함수는 동작을 예측할 수 있기 때문에 선호되는 경우가 많다.

함수는 전역 변수에 의존할 수 있다. 다음 코드를 보자.

```
let base = 1;

const addBase = (n) => n + base;
```

addBase 함수는 base가 변경되지 않는 한 addOne 함수와 동일하게 작동한다. 하지만 특정 시점에서 base를 2로 변경하면 다르게 작동한다. 이런 식의 사용법은 무조건 나쁜 것만은 아니며, 외부에서 함수 작동 방식을 변경할 수 있으므로 강력한 기능이라고 볼 수 있다. 단점은 addBase 함수가 외부 변수에 의존한다는 사실을 모르고 다른 곳에 사용될 수 있다는 점이다. 이것은 필요에 따라 선택할 수 있는 트레이드오프라고 할 수 있다.

base가 **싱글턴**[1]인 경우 코드 재사용성이 떨어지기 때문에 선호되는 패턴은 아니다. 싱글턴을 사용하는 대신 재사용성을 높이기 위해 다음과 같이 컨테이너 객체를 만드는 것이 더 모듈화된 접근 방식이다.

```
const createContainer = () => {
  let base = 1;
  const addBase = (n) => n + base;
  const changeBase = (b) => { base = b; };
  return { addBase, changeBase };
};

const { addBase, changeBase } = createContainer();
```

이제 더이상 싱글턴이 아니며 필요한 만큼 컨테이너를 만들 수 있다. base 전역 변수를 싱글턴으로 사용하는 것과는 다르게 컨테이너는 격리돼 있으므로 재사용하기가 더 쉽다. 따라서 각 컨테이너를 다른 컨테이너에 영향을 주지 않고 사용할 수 있다.

---

1 (옮긴이) 기술적으로 자바스크립트의 전역 변수는 싱글턴이라 할 수 있다. 한 번 생성된 전역 변수는 window 객체에 등록되며, 이후 참조할 경우 window 객체에 등록된 값을 반환한다.

> **잠깐 짚고 넘어가기** 컨테이너의 addBase가 수학적으로 순수한 함수는 아니지만, changeBase를 통해 base를 변경하지 않는 이상 addBase를 호출하면 항상 동일한 결과를 얻을 수 있다. 이 같은 특성을 **멱등성**(idempotent)이라고 부르기도 한다.

리액트 컴포넌트와 props

리액트는 개념적으로 상태를 **사용자 인터페이스**(UI)로 변환하는 함수다. 리액트로 코드를 작성할 때 리액트 컴포넌트는 말 그대로 자바스크립트 함수이며 그것의 인수를 props라고 한다.

숫자를 표시하는 함수 컴포넌트는 다음과 같이 작성할 수 있다.

```
const Component = ({ number }) => {
  return <div>{number}</div>;
};
```

이 컴포넌트는 number라는 인수를 받아 화면에 number 값을 표시하는 **JSX(JavaScript syntax extension)** 요소를 반환한다.

> **JSX 요소란?**
>
> JSX는 리액트 요소를 생성하기 위한 꺾쇠 괄호(<, >)가 있는 구문이다. 리액트 요소는 UI의 일부를 나타내는 자료 구조다. 특히 리액트 요소가 JSX 구문에 들어 있는 경우 리액트 요소를 JSX 요소로 참조할 수 있다.

다음과 같이 number + 1을 표시하는 다른 컴포넌트를 만들어 보자.

```
const AddOne = ({ number }) => {
  return <div>{number + 1}</div>;
};
```

이 컴포넌트는 number를 받아 number + 1을 반환한다. 이것은 이전 절에서 작성한 addOne 함수와 똑같이 작동하며 순수 함수다. 유일한 차이점은 인수가 props 객체이고 반환값이 JSX 형식이라는 점이다.

지역 상태에 대한 useState 이해하기

지역 상태에 대해 useState를 사용하면 어떻게 될까? 다음과 같이 base라는 상태를 만들고 거기에 number를 더한 값을 출력해 보자.

```
const AddBase = ({ number }) => {
  const [base, changeBase] = useState(1);
  return <div>{number + base}</div>;
};
```

이 함수는 인수에 포함되지 않은 base에 의존하기 때문에 엄밀히 말해 순수하지 않다.

AddBase 컴포넌트에서 사용된 useState는 무슨 일을 할까? 이전 절에서 다룬 create Container를 다시 떠올려보자. createContainer가 base와 changeBase를 반환하는 것처럼 useState는 base와 changeBase를 튜플로 반환[2]한다. 이 코드에서 base와 changeBase가 어떻게 만들어지는지 알 수 없지만, 개념적으로는 비슷하다.

useState의 동작을 추측하자면 변경되지 않는 한 base를 반환하므로 AddBase 함수는 createContainer 사례에서 봤듯이 멱등성을 지닌다.

useState가 포함된 AddBase 함수는 changeBase를 함수 선언 범위 내에서만 사용할 수 있기 때문에 억제됐다고 할 수 있다. 함수 밖에서 base를 변경하는 것은 불가능하다. useState를 이렇게 사용하는 것은 지역 상태를 사용하는 것에 해당하며, 컴포넌트는 억제돼 있고 컴포넌트 외부의 그 어떤 것에도 영향을 미치지 않기 때문에 지역성을 보장한다. 이 같은 방법은 적절하다면 언제든지 사용해도 된다.

지역 상태의 한계

지역 상태를 언제 사용해서는 안 될까? 지역성을 제공하고 싶지 않을 때는 지역 상태를 사용하는 것이 적절하지 않다. 앞에서 다룬 AddBase 컴포넌트를 예로 들자면, 완전히 다른 코드 영역에서 base를 변경하고 싶을 때라고 할 수 있다. 함수 컴포넌트 외부에서 **상태**를 변경해야 한다면 전역 상태가 필요하다.

---

2   (옮긴이) 두 개 이상의 값을 담을 수 있는 구조. 보통 자바스크립트에서는 배열을 사용한다. 여기서는 두 값을 반환한다.

상태 변수는 개념적으로 전역 변수다. 전역 변수는 함수 외부에서 자바스크립트 함수의 동작을 제어할 때 유용하게 사용할 수 있다. 마찬가지로 전역 상태는 컴포넌트 외부에서 리액트 컴포넌트의 동작을 제어할 때 유용하게 사용할 수 있지만 컴포넌트 동작을 예측하기 어렵다는 장단점이 있다. 따라서 전역 상태를 과하게 사용해서는 안 된다. 지역 상태를 기본으로 사용하고, 전역 상태는 보조 수단으로 사용하는 것이 좋다. 그런 의미에서 지역 상태가 얼마나 많은 사용 사례에 대응할 수 있는지 알아두는 것이 중요하다.

이번 절에서는 자바스크립트 함수와 함께 리액트의 지역 상태에 대해 알아봤다. 다음으로 지역 상태를 사용하는 몇 가지 패턴에 대해 알아본다.

지역 상태를 효과적으로 사용하는 방법

지역 상태를 효과적으로 사용하기 위해 알아야 하는 몇 가지 패턴이 있다. 이번 절에서는 상위 컴포넌트 트리에서 상태를 정의하는 상태 끌어올리기(lifting state up) 패턴과 상위 컴포넌트 트리에서 내용을 정의하는 내용 끌어올리기(lifting content up) 패턴의 활용법을 배운다.

상태 끌어올리기(Lifting State Up)

다음과 같이 두 개의 카운터 컴포넌트가 있다고 가정해 보자.

```
const Component1 = () => {
  const [count, setCount] = useState(0);
  return (
    <div>
      {count}
      <button onClick={() => setCount((c) => c + 1)}>
        Increment Count
      </button>
    </div>
  );
};

const Component2 = () => {
```

```
    const [count, setCount] = useState(0);
    return (
      <div>
        {count}
        <button onClick={() => setCount((c) => c + 1)}>
          Increment Count
        </button>
      </div>
    );
  };
```

두 컴포넌트에 정의된 각 상태는 서로 분리돼 있기 때문에 두 카운터 컴포넌트는 개별적으로 작동한다. 두 컴포넌트의 상태를 공유하고 하나의 공유된 카운터로 작동하게 만들고 싶다면 부모 컴포넌트를 만들고 상태를 상위 컴포넌트로 전달하면 된다.

다음과 같이 Component1과 Component2를 자식 컴포넌트로 포함하고 props를 전달하는 부모 컴포넌트를 보자.

```
const Component1 = ({ count, setCount }) => {
  return (
    <div>
      {count}
      <button onClick={() => setCount((c) => c + 1)}>
        Increment Count
      </button>
    </div>
  );
};

const Component2 = ({ count, setCount }) => {
  return (
    <div>
      {count}
      <button onClick={() => setCount((c) => c + 1)}>
        Increment Count
      </button>
```

```
      </div>
    );
  };

  const Parent = () => {
    const [count, setCount] = useState(0);
    return (
      <>
        <Component1 count={count} setCount={setCount} />
        <Component2 count={count} setCount={setCount} />
      </>
    );
  };
```

count 상태는 Parent에서 단 한 번만 정의되기 때문에 상태는 Component1과 Component2에 공유된다. count는 여전히 컴포넌트 내에 지역 상태로 존재한다. 여기서 자식 컴포넌트는 부모 컴포넌트의 상태를 이용할 수 있다.

이 패턴은 지역 상태를 사용하는 대부분의 상황에서 작동하지만 성능 문제가 있을 수 있다. 상태를 상위 컴포넌트로 전달할 경우 Parent는 모든 자식 컴포넌트를 포함해 하위 트리 전체를 리렌더링할 것이다. 이는 일부 상황에서 성능 문제를 일으킬 수 있다.

내용 끌어올리기(Lifting Content Up)

복잡한 컴포넌트 트리라면 상위 컴포넌트의 상태에 의존하지 않는 컴포넌트가 있을 수 있다.

이전 예제에서 사용한 Component1 컴포넌트에 AdditionalInfo 컴포넌트를 새로 추가해 보자.

```
  const AdditionalInfo = () => {
    return <p>Some information</p>
  };

  const Component1 = ({ count, setCount }) => {
    return (
      <div>
        {count}
```

```
      <button onClick={() => setCount((c) => c + 1)}>
        Increment Count
      </button>
      <AdditionalInfo />
    </div>
  );
};

const Parent = () => {
  const [count, setCount] = useState(0);
  return (
    <>
      <Component1 count={count} setCount={setCount} />
      <Component2 count={count} setCount={setCount} />
    </>
  );
};
```

count가 변경되면 Parent가 리렌더링된 후 Component1과 Component2, AdditionalInfo도 리렌더링된다. 그러나 AdditionalInfo는 count에 의존하지 않기 때문에 리렌더링할 필요가 없다. 이것은 불필요한 렌더링으로서 성능에 영향을 줄 경우 방지할 필요가 있다.

불필요한 렌더링을 방지하기 위해서는 JSX 요소를 상위 컴포넌트로 끌어올릴 수 있다. 이 경우 Parent는 count와 함께 리렌더링되므로 다음과 같이 GrandParent를 만든다.

```
const AdditionalInfo = () => {
  return <p>Some information</p>
};

const Component1 = ({ count, setCount, additionalInfo }) => {
  return (
    <div>
      {count}
      <button onClick={() => setCount((c) => c + 1)}>
        Increment Count
      </button>
```

```
      {additionalInfo}
    </div>
  );
};

const Parent = ({ additionalInfo }) => {
  const [count, setCount] = useState(0);
  return (
    <>
      <Component1
        count={count}
        setCount={setCount}
        additionalInfo={additionalInfo}
      />
      <Component2 count={count} setCount={setCount} />
    </>
  );
};

const GrandParent = () => {
  return <Parent additionalInfo={<AdditionalInfo />} />;
};
```

GrandParent 컴포넌트는 자식에게 전달되는 additionalInfo(JSX 요소)를 가진다. 이렇게 구현함으로써 AdditionalInfo 컴포넌트는 count가 변경될 때 리렌더링되지 않는다. 이것은 성능뿐만 아니라 컴포넌트 트리 구조를 구성할 때도 고려할 만한 기법이다.

이 기법의 변형으로 children prop을 사용할 수 있다. 다음 예제에서는 children prop을 사용하는데, 동작 방식은 이전 예제와 동일하며 코딩 스타일만 다르다.

```
const AdditionalInfo = () => {
  return <p>Some information</p>
};

const Component1 = ({ count, setCount, children }) => {
  return (
    <div>
```

```
      {count}
      <button onClick={() => setCount((c) => c + 1)}>
        Increment Count
      </button>
      {children}
    </div>
  );
};

const Parent = ({ children }) => {
  const [count, setCount] = useState(0);
  return (
    <>
      <Component1 count={count} setCount={setCount}>
        {children}
      </Component1>
      <Component2 count={count} setCount={setCount} />
    </>
  );
};

const GrandParent = () => {
  return (
    <Parent>
      <AdditionalInfo />
    </Parent>
  );
};
```

children은 JSX 형식으로 중첩된 자식 요소를 표현하는 특별한 prop 이름이다. 만약 여러 개의 요소를 전달해야 한다면 다른 이름을 사용하는 편이 적절할 것이다. 이것은 주로 코딩 스타일의 문제이며, 개발자들은 각자 선호하는 접근법을 선택하면 된다.

이번 절에서는 지역 상태를 효과적으로 사용하기 위한 몇 가지 패턴을 배웠다. 상태나 내용을 적절하게 상위 컴포넌트로 끌어올린다면 지역 상태를 사용하는 여러 상황에 대처할 수 있게 될 것이다. 다음으로 전역 상태를 사용하는 방법을 알아보자.

전역 상태 사용하기

이번 절에서는 전역 상태가 무엇이고 언제 사용해야 하는지 배운다.

전역 상태란?

이 책에서 전역 상태는 단순히 지역 상태가 아님을 의미한다. 개념적으로 하나의 컴포넌트에 속하고 컴포넌트에 의해 캡슐화된 상태를 지역 상태라고 한다. 따라서 상태가 하나의 컴포넌트에만 속하지 않고 여러 컴포넌트에서 사용할 수 있다면 전역 상태라고 한다.

모든 컴포넌트가 의존하는 애플리케이션 차원의 지역 상태가 있을 수 있다. 이 경우 애플리케이션 차원의 지역 상태는 전역 상태라고 볼 수 있다. 이런 측면에서 봤을 때는 지역 상태와 전역 상태를 명확하게 나눌 수 없다. 대부분의 경우 상태가 개념적으로 속한 곳이 어디인지 생각해 보면 상태가 지역 상태인지 전역 상태인지 알 수 있다.

방금 설명한 바와 같이 사람들이 전역 상태에 대해 이야기할 때는 두 가지 측면이 있다.

- 첫 번째는 싱글턴이며, 이는 특정 컨텍스트에서 상태가 하나의 값을 가지고 있다는 것을 의미한다.

- 두 번째는 공유 상태이며, 이는 상태 값이 다른 컴포넌트 간에 공유된다는 것을 의미하지만, 자바스크립트 메모리상에서 단일 값일 필요는 없다. 싱글턴이 아닌 전역 상태는 여러 값을 가질 수 있다.

싱글턴이 아닌 전역 상태가 어떻게 작동하는지 설명하기 위해 다음 예제를 살펴보자.

```
const createContainer = () => {
  let base = 1;
  const addBase = (n) => n + base;
  const changeBase = (b) => { base = b; };
  return { addBase, changeBase };
};

const container1 = createContainer();
const container2 = createContainer();

container1.changeBase(10);
```

```
console.log(container1.addBase(2)); // "12"가 출력된다
console.log(container2.addBase(2)); // "3"이 출력된다
```

이 예제에서 base는 컨테이너의 스코프 내에서 생성된 변수다. base가 각 컨테이너에 격리돼 있기 때문에 container1의 base를 변경하더라도 container2의 base에는 아무런 영향을 미치지 않는다.

리액트에서도 이 개념은 비슷하게 작동한다. 만약 전역 상태가 싱글턴이라면 메모리에 하나의 값으로만 존재한다. 반면, 전역 상태가 싱글턴이 아닌 경우에는 컴포넌트 트리의 다른 부분(하위 트리)에 대해 여러 값을 가질 수 있다.

언제 전역 상태를 사용할까?

리액트에서는 다음과 같은 두 가지 상황에서 전역 상태를 사용한다.

- prop을 전달하는 것이 적절하지 않을 때
- 이미 리액트 외부에 상태가 있을 때

이제 각 경우에 대해 살펴보자.

prop을 전달하는 것이 적절하지 않을 때

컴포넌트 트리에서 서로 멀리 떨어져 있는 두 컴포넌트 간에 상태를 공유해야 할 경우 공통 루트 컴포넌트에 상태를 만든 다음 두 컴포넌트에 전달하는 방법은 그다지 바람직하지 않다.

예를 들어, 트리의 깊이가 3레벨이고 상태를 루트까지 끌어올려려 한다면 다음과 같이 작성할 것이다.

```
const Component1 = ({ count, setCount }) => {
  return (
    <div>
      {count}
      <button onClick={() => setCount((c) => c + 1)}>
```

```
        Increment Count
      </button>
    </div>
  );
};

const Parent = ({ count, setCount }) => {
  return (
    <>
      <Component1 count={count} setCount={setCount} />
    </>
  );
};

const GrandParent = ({ count, setCount }) => {
  return (
    <>
      <Parent count={count} setCount={setCount} />
    </>
  );
};

const Root = () => {
  const [count, setCount] = useState(0);
  return (
    <>
      <GrandParent count={count} setCount={setCount} />
    </>
  );
};
```

이 같은 방법도 전혀 문제가 없고 지역성을 위해 권장된다. 하지만 중간 컴포넌트로 props를 전달하는 작업은 너무 번거로울 수 있다. 이렇게 여러 단계로 구성된 컴포넌트를 통해 props를 전달하는 것은 불필요한 추가 작업처럼 보이기 때문에 좋지 못한 개발자 경험을 줄 수 있다. 그리고 상태가 변경되면 중간 컴포넌트가 리렌더링되며, 이는 성능에도 영향을 미칠 수 있다.

이런 경우에는 전역 상태를 사용하는 편이 더 적절하며, 전역 상태를 사용하면 중간 컴포넌트 가 상태를 전달하지 않아도 된다.

다음은 이전 예제에서 전역 상태가 어떻게 작동하는지 보여주는 의사 코드다.

```
const Component1 = () => {
  // useGlobalCountState는 가상의 훅이다
  const [count, setCount] = useGlobalCountState();
  return (
    <div>
      {count}
      <button onClick={() => setCount((c) => c + 1)}>
        Increment Count
      </button>
    </div>
  );
};

const Parent = () => {
  return (
    <>
      <Component1 />
    </>
  );
};

const GrandParent = () => {
  return (
    <>
      <Parent />
    </>
  );
};

const Root = () => {
  return (
    <>
```

```
      <GrandParent />
    </>
  );
};
```

이 예제에서 전역 상태를 사용하는 유일한 컴포넌트는 Component1이다. 지역 상태와 prop 전달과는 다르게 중간 컴포넌트인 Parent와 GrandParent는 전역 상태에 대해 알지 못한다.

이미 리액트 외부에 상태가 있을 때

어떤 경우에는 외부에 전역 상태를 두는 편이 더 간단하기 때문에 이미 리액트 외부에 전역 상태를 가지고 있을 것이다. 예를 들어, 애플리케이션에서 리액트 없이 획득한 사용자 인증 정보가 있을 수 있다. 이 같은 경우에는 전역 상태가 리액트 외부에 존재해야 하며, 인증 정보는 전역 상태에 저장될 수 있다.

다음은 그러한 예제를 나타내는 의사 코드다.

```
const globalState = {
  authInfo: { name: 'React' },
};

const Component1 = () => {
  // useGlobalState는 가상의 훅이다
  const { authInfo } = useGlobalState();
  return (
    <div>
      {authInfo.name}
    </div>
  );
};
```

이 예제에는 globalState가 있고, 리액트 외부에서 정의됐다. useGlobalState 혹은 globalState에 연결되고 Component1에서 authInfo를 제공할 것이다.

이번 절에서는 전역 상태가 지역 상태가 될 수 없는 상태라는 것을 배웠다. 전역 상태는 주로 지역 상태 대신 사용되며, 전역 상태를 사용하기 좋은 두 가지 패턴이 있다. 하나는 prop 전달이 적절하지 않은 경우고 다른 하나는 전역 상태가 이미 애플리케이션에 존재하는 경우다.

정리

이번 장에서는 지역 상태와 전역 상태에 관해 살펴봤다. 가능하면 지역 상태를 사용하는 편이 바람직하며, 지역 상태를 효과적으로 사용하는 몇 가지 기법을 배웠다. 그러나 전역 상태는 지역 상태가 못하는 역할을 할 수 있기 때문에 지역 상태를 대신해서 전역 상태를 사용해야 하는 경우를 살펴봤다.

이어지는 세 개의 장에서는 리액트에서 전역 상태를 구현하기 위한 세 가지 패턴을 배운다. 먼저 리액트 컨텍스트를 활용하는 방법부터 살펴보자.

03

리액트 컨텍스트를 이용한
컴포넌트 상태 공유

리액트는 16.3 버전부터 컨텍스트(Context)라는 기능을 제공하기 시작했다. 컨텍스트는 딱히 상태와 관련은 없지만 props를 대신해서 컴포넌트 간에 데이터를 전달하는 것이 가능하다. 컨텍스트를 컴포넌트 상태와 결합하면 전역 상태를 제공할 수 있다.

리액트 16.3 버전에는 컨텍스트 외에도 useContext 훅이 도입됐다. useContext와 useState (또는 useReducer)를 이용하면 전역 상태를 위한 사용자 정의 훅을 만들 수 있다.

그렇지만 컨텍스트는 전역 상태를 위해 설계된 것은 아니다. 알려진 문제 중 하나는 상태가 갱신될 때 모든 컨텍스트 소비자(consumer)가 리렌더링되므로 불필요한 렌더링이 발생할 수 있다는 것이다. 따라서 일반적으로 전역 상태를 여러 조각으로 나누어 사용하는 것이 권장된다.

이번 장에서는 컨텍스트를 사용할 때 일반적으로 권장되는 사용법을 알아보고 몇 가지 구체적인 예제를 소개한다. 또한 타입스크립트로 컨텍스트를 사용하기 위한 기법에 대해서도 알아본다. 이번 장의 목표는 전역 상태를 위한 컨텍스트 사용에 자신감을 갖게 만드는 것이다.

이번 장에서 다룰 주제는 다음과 같다.

- useState와 useContext 탐구하기
- 컨텍스트 이해하기

- 전역 상태를 위한 컨텍스트 만들기
- 컨텍스트 사용을 위한 모범 사례

기술 요구사항

리액트 컨텍스트를 처음 사용하는 경우 공식 문서(https://reactjs.org/docs/context.html) 혹은 공식 블로그(https://reactjs.org/blog/2018/03/29/react-v-16-3.html)를 통해 기본 적인 내용을 학습할 필요가 있다.

또한 리액트 훅을 포함한 리액트에 대한 일반적인 지식이 필요하며, 자세한 내용은 공식 사이 트(https://reactjs.org)를 참고한다.

이번 장의 코드 일부는 타입스크립트를 사용하므로 이에 대한 기본 지식이 필요하다. 다음 링 크에서 자세한 내용을 확인할 수 있다.

- https://www.typescriptlang.org

이번 장의 코드는 다음 깃허브 저장소에서 확인할 수 있다.

- https://github.com/wikibook/msmrh/tree/main/chapter03

이번 장의 코드를 실행하려면 Create React App(https://create-react-app.dev) 또는 CodeSandbox(https://codesandbox.io) 같은 리액트를 실행할 수 있는 환경이 필요하다.

useState와 useContext 탐구하기

useState와 useContext를 함께 사용하면 간단한 전역 상태를 만들 수 있다. 이번 절에서는 useContext 없이 useState를 사용하는 방법, 정적 값에 대해 useContext가 어떻게 작동하는 지, useState와 useContext를 함께 사용하는 방법에 대해 알아본다.

useContext 없이 useState 사용하기

useContext를 자세히 알아보기에 앞서 구체적인 예제를 통해 useState 사용법을 다시 떠올려 보자. 이번 예제는 이후에 나올 다른 예제의 기반이 될 것이다.

여기서는 컴포넌트 트리 내 상위 컴포넌트에서 useState를 이용해 count 상태를 정의하고 상태 값과 갱신 함수를 하위 트리로 전달하는 예제를 만들 것이다.

먼저 App 컴포넌트에서 useState를 통해 count와 setCount를 생성하고 Parent 컴포넌트로 전달할 것이다. 다음 코드를 살펴보자.

```
const App = () => {
  const [count, setCount] = useState(0);
  return <Parent count={count} setCount={setCount} />;
};
```

참고로 위 코드는 2장, '지역 상태와 전역 상태'에서 다룬 상태 끌어올리기(lifting state up) 패턴이다.

이제 Parent 컴포넌트를 정의하고 두 개의 props를 Component1과 Compnent2에 전달해 보자.

```
const Parent = ({ count, setCount }) => (
  <>
    <Component1 count={count} setCount={setCount} />
    <Component2 count={count} setCount={setCount} />
  </>
);
```

이처럼 부모 컴포넌트에서 자식 컴포넌트로 props를 전달하는 작업을 **프로퍼티 내리꽂기 (prop drilling)**라고 한다[1].

Component1과 Component2는 다음과 같이 count 상태와 setCount를 사용해 count 상태를 증가시키는 버튼을 보여준다.

---

1 (옮긴이) 구체적으로는 props를 건네받은 중간 컴포넌트가 해당 props가 필요하지 않음에도 오직 하위 컴포넌트에 전달하기 위한 목적으로 props를 받아 전달하는 경우를 말한다.

```
const Component1 = ({ count, setCount }) => (
  <div>
    {count}
    <button onClick={() => setCount((c) => c + 1)}>
      +1
    </button>
  </div>
);

const Component2 = ({ count, setCount }) => (
  <div>
    {count}
    <button onClick={() => setCount((c) => c + 2)}>
      +2
    </button>
  </div>
);
```

이 두 컴포넌트는 props만 받아 화면에 표시하는 순수 컴포넌트다. 두 컴포넌트는 비슷해 보이지만 Component1과 다르게 Component2는 count가 2씩 증가한다. 만약 동일하다면 두 개의 컴포넌트를 정의할 필요가 없었을 것이다.

이 예제에는 아무런 문제가 없다. 다만 애플리케이션의 규모가 커진다면 트리 아래로 props를 전달하는 것이 적절하지 않을 것이다. 이러한 경우 Parent 컴포넌트가 count 상태에 대해 알고 있는 것이 불필요할 수도 있고, Parent 컴포넌트가 count 상태에 대해 알 필요가 없기에 Parent 컴포넌트에서 count 상태를 제거하는 편이 더 합리적일 수도 있다.

정적 값을 이용해 useContext 사용하기

리액트 컨텍스트는 props를 제거하는 데 유용하다. 컨텍스트를 사용하면 props를 사용하지 않고도 부모 컴포넌트에서 트리 아래에 있는 자식 컴포넌트로 값을 전달하는 것이 가능하다.

이후 예제를 보면 정적 값으로 리액트 컨텍스트를 사용하는 방법을 알 수 있다. 리액트 컨텍스트에는 다양한 값을 제공하는 여러 개의 공급자(provider)가 있다. 공급자는 중첩될 수 있고, 소비자 컴포넌트(useContext가 있는 컴포넌트를 의미)는 컴포넌트 트리 중에서 가장 가까운

공급자를 선택해 컨텍스트 값을 가져온다. 컨텍스트를 소비하는 useContext가 있는 컴포넌트
는 오직 하나만 존재하며, 그 컴포넌트는 여러 곳에서 사용될 수 있다.

먼저 다음과 같이 createContext를 이용해 ColorContext를 정의하고 기본값을 넣는다.

```
const ColorContext = createContext('black');
```

이 경우 ColorContext의 기본값은 'black'이 된다. 기본값은 공급자에 컴포넌트가 없는 경우
에 사용된다.

이제 소비자 컴포넌트를 정의한다. ColorContext를 읽고 색상을 텍스트로 표시할 것이다. 다
음 코드를 보자.

```
const Component = () => {
  const color = useContext(ColorContext);
  return <div style={{ color }}>Hello {color}</div>;
};
```

Component는 color 컨텍스트의 값을 읽지만 이 시점에서는 color의 값이 무엇인지 알 수 없고
컨텍스트에 따라 달라진다.

마지막으로 App 컴포넌트를 정의한다. App 컴포넌트의 컴포넌트 트리에는 서로 다른 색상을 가
진 여러 ColorContext.Provider 컴포넌트가 있다. 다음 코드를 보자.

```
const App = () => (
  <>
    <Component />
    <ColorContext.Provider value="red">
      <Component />
    </ColorContext.Provider>
    <ColorContext.Provider value="green">
      <Component />
    </ColorContext.Provider>
    <ColorContext.Provider value="blue">
      <Component />
```

```
      <ColorContext.Provider value="skyblue">
        <Component />
      </ColorContext.Provider>
    </ColorContext.Provider>
  </>
);
```

첫 번째 Component는 공급자로 둘러싸여 있지 않기 때문에 "black"을 보여준다. 두 번째와 세 번째 Component는 각각 "red"와 "green"을 표시한다. 네 번째 Component 인스턴스는 "blue"를, 마지막 Component 인스턴스는 "skyblue"를 표시한다. 이는 "blue"를 전달하는 공급자보다 "skyblue"를 전달하는 공급자가 더 가까이에 있기 때문이다.

여러 공급자와 소비자 컴포넌트를 재사용하는 것은 리액트 컨텍스트의 중요한 기능이다. 프로젝트에서 이 같은 기능이 중요하지 않다면 리액트 컨텍스트가 필요하지 않을 수도 있다. 컨텍스트 없이 구독하는 방법에 대해서는 4장 '구독을 이용한 모듈 상태 공유'에서 알아본다.

useContext와 함께 useState 사용하기

이제 useState와 useContext를 함께 사용하는 방법을 알아보자. props 대신 컨텍스트에서 상태와 갱신 함수를 전달할 수 있다.

여기서는 useState와 useContext로 간단한 count 상태를 구현하는 예제를 만들어보겠다. 먼저 count 상태 값과 setCount 갱신 함수를 모두 가지는 컨텍스트를 정의한다. Parent 컴포넌트는 props를 받지 않고 Component1과 Component2는 useContext를 이용해 상태를 가져올 것이다.

먼저 count 상태를 위한 컨텍스트를 생성한다. 기본값으로 정적 count 값과 비어 있는 setCount 함수를 받는다. 다음 코드를 보자.

```
const CountStateContext = createContext({
  count: 0,
  setCount: () => {},
});
```

기본값은 타입스크립트에서 타입을 유추하는 데 도움이 된다. 하지만 대부분의 경우 기본값이 그다지 유용하지 않기 때문에 정적인 값 대신 상태가 필요하다. 그러한 경우에는 기본값을 사용하는 것은 의도하지 않은 것이므로 에러가 발생할 수도 있다. 이에 대해서는 '컨텍스트 사용을 위한 모범 사례'에서 논의할 것이다.

App 컴포넌트는 다음과 같이 useState로 생성한 상태를 가지고 있으며, 앞서 만든 컨텍스트 공급자 컴포넌트에 count와 setCount를 전달한다.

```
const App = () => {
  const [count, setCount] = useState(0);
  return (
    <CountStateContext.Provider
      value={{ count, setCount }}
    >
      <Parent />
    </CountStateContext.Provider>
  );
};
```

CountStateContext.Provider에 전달하는 컨텍스트 값은 count와 setCount를 포함하는 객체다. 이 객체는 기본값과 동일한 구조를 갖는다.

이제 Parent 컴포넌트를 정의한다. 이전 예제와 다르게 props를 전달할 필요가 없다. 다음 코드를 보자.

```
const Parent = () => (
  <>
    <Component1 />
    <Component2 />
  </>
);
```

Parent 컴포넌트가 App의 컨텍스트 공급자에 있더라도 count 상태의 존재에 대해 알지 못한다. Parent 컴포넌트 내부의 컴포넌트들은 여전히 컨텍스트를 통해 count 상태를 사용할 수 있다.

마지막으로 Component1, Component2를 정의한다. 두 컴포넌트에서는 props 대신 컨텍스트 값으로부터 count와 setCount를 가져온다. 다음 코드를 보자.

```
const Component1 = () => {
  const { count, setCount } = useContext(CountStateContext);
  return (
    <div>
      {count}
      <button onClick={() => setCount((c) => c + 1)}>
        +1
      </button>
    </div>
  );
};

const Component2 = () => {
  const { count, setCount } = useContext(CountStateContext);
  return (
    <div>
      {count}
      <button onClick={() => setCount((c) => c + 2)}>
        +2
      </button>
    </div>
  );
};
```

이 컴포넌트들이 받는 컨텍스트 값은 무엇일까? 두 컴포넌트는 가장 가까운 공급자로부터 컨텍스트 값을 가져온다. 여러 공급자를 사용해 격리된 카운트 상태를 제공할 수 있고, 이는 다시 한번 말하지만 리액트 컨텍스트를 사용하는 중요한 이유다.

이번 절에서는 리액트 컨텍스트에 대해 알아봤다. 그리고 이를 통해 간단한 전역 상태를 생성하는 방법도 알아봤다. 다음으로 리액트 컨텍스트의 동작 방식을 자세히 살펴보겠다.

컨텍스트 이해하기

컨텍스트 공급자가 새로운 컨텍스트 값을 갖게 되면 모든 컨텍스트 소비자는 새로운 값을 받고 리렌더링된다. 이는 공급자의 값이 모든 소비자에게 전파된다는 것을 의미한다. 따라서 컨텍스트 전파의 작동 방식과 한계를 이해하는 것이 중요하다.

컨텍스트 전파의 작동 방식

컨텍스트 공급자를 사용할 경우 컨텍스트 값을 갱신할 수 있다. 컨텍스트 공급자가 새로운 컨텍스트 값을 받으면 모든 컨텍스트 소비자 컴포넌트가 리렌더링된다. 자식 컴포넌트가 리렌더링되는 이유는 두 가지다. 하나는 부모 컴포넌트 때문이고 또 다른 하나는 컨텍스트 때문이다.

컨텍스트의 값이 변경되지 않았는데도 리렌더링이 발생하는 문제를 방지하려면 '내용 끌어올리기' 또는 memo를 사용하면 된다. memo는 컴포넌트를 감싸는 함수로, 컴포넌트의 props가 변경되지 않은 경우에도 리렌더링이 발생하는 것을 방지하기 위해 사용한다.

동작 방식을 이해하기 위해 memo로 감싼 컴포넌트 예제를 살펴보자.

이전 예제와 마찬가지로 다음과 같이 색상 문자열을 보유하는 간단한 컨텍스트를 다시 만든다.

```
const ColorContext = createContext('black');
```

'black'은 기본값으로서 컴포넌트 트리에 컨텍스트 공급자가 없으면 사용된다.

다음으로, 이전 예제와 유사한 ColorComponent를 정의한다. 그런데 이번에는 다음과 같이 컴포넌트가 렌더링되는 횟수를 표시하는 renderCount를 추가한다.

```
const ColorComponent = () => {
  const color = useContext(ColorContext);
  const renderCount = useRef(1);

  useEffect(() => {
    renderCount.current += 1;
  });
```

```
  return (
    <div style={{ color }}>
      Hello {color} (renders: {renderCount.current})
    </div>
  );
};
```

renderCount에 useRef를 사용하며, renderCount.current는 렌더링 횟수를 나타낸다. renderCount.current는 useEffect를 통해 1씩 증가한다.

다음으로 memo로 감싼 ColorComponent인 MemoedColorComponent를 정의한다. 다음 코드를 보자.

```
const MemoedColorComponent = memo(ColorComponent);
```

memo 함수는 기반 컴포넌트로부터 메모이제이션[2]된 컴포넌트를 만드는 것이다. 메모이제이션 된 컴포넌트는 같은 props에 대해서는 리렌더링되지 않는다.

useContext를 사용하지 않는 DummyComponent라는 또 다른 컴포넌트를 만들어 보자. 코드는 다음과 같다.

```
const DummyComponent = () => {
  const renderCount = useRef(1);

  useEffect(() => {
    renderCount.current += 1;
  });

  return <div>Dummy (renders: {renderCount.current})</div>;
};
```

이 컴포넌트는 ColorComponent의 동작과 비교하기 위한 컴포넌트다.

---

2 (옮긴이) 연산의 결과를 메모리에 저장해 두고 동일한 연산을 해야 하는 경우 앞서 저장한 결과를 재사용하는 기법을 말한다.

또한 다음과 같이 memo를 이용해 DummyComponent로부터 MemoedDummyComponent를 만든다.

```
const MemoedDummyComponent = memo(DummyComponent);
```

다음으로 Parent 컴포넌트를 정의한다. Parent 컴포넌트는 앞에서 정의한 네 가지 컴포넌트를 포함한다. 다음 코드를 보자.

```
const Parent = () => (
  <ul>
    <li><DummyComponent /></li>
    <li><MemoedDummyComponent /></li>
    <li><ColorComponent /></li>
    <li><MemoedColorComponent /></li>
  </ul>
);
```

마지막으로, App 컴포넌트는 useState로 색상에 대한 상태를 가지고 ColorContext.Provider에 전달한다. 또한 색상 상태를 변경할 수 있는 텍스트 필드도 보여준다. 다음 코드를 보자.

```
const App = () => {
  const [color, setColor] = useState('red');
  return (
    <ColorContext.Provider value={color}>
      <input
        value={color}
        onChange={(e) => setColor(e.target.value)}
      />
      <Parent />
    </ColorContext.Provider>
  );
};
```

이 예제는 다음과 같이 동작한다.

1. 처음에 모든 컴포넌트가 렌더링된다.

2. 텍스트 입력 필드에서 값을 변경하면 useState 때문에 App 컴포넌트가 리렌더링된다.

3. ColorContext.Provider는 새로운 값을 받고, 동시에 Parent 컴포넌트가 렌더링된다.

4. DummyComponent는 리렌더링되지만 MemoedDummyComponent는 리렌더링되지 않는다.

5. ColorComponent는 두 가지 이유로 렌더링된다. 첫 번째로 부모가 리렌더링됐고, 두 번째로 컨텍스트가 변경됐다.

6. MemoedColorComponent는 컨텍스트가 변경됐기 때문에 리렌더링된다.

여기서 알아야 할 중요한 점은 memo가 내부 컨텍스트 소비자가 리렌더링되는 것을 막지 못한다는 것이다. 그렇지 않으면 컴포넌트가 일관되지 않은 컨텍스트 값을 가질 수 있기 때문에 이는 불가피한 일이다.

컨텍스트에 객체를 사용할 때의 한계점

컨텍스트 값에 기본값을 사용하는 것은 직관적이지만 객체 값을 사용할 때는 주의가 필요할 수 있다. 객체에는 여러 가지 값을 포함할 수 있으며, 컨텍스트 소비자는 모든 값을 사용하지 않을 수 있다.

다음 예제로 컴포넌트가 객체의 일부만 사용하는 경우를 재현해 보겠다.

먼저 다음과 같이 count1과 count2라는 두 개의 카운트를 가진 객체를 값으로 하는 컨텍스트를 정의한다.

```
const CountContext = createContext({ count1: 0, count2: 0 });
```

이 CountContext를 사용해 Counter1 컴포넌트가 count1을 보여주게 만든다. 그리고 렌더링된 카운트를 표시하는 renderCount도 만든다. 또한 메모된 컴포넌트인 MemoedCount1 컴포넌트를 정의한다. 코드는 다음과 같다.

```
const Counter1 = () => {
  const { count1 } = useContext(CountContext);
  const renderCount = useRef(1);
```

```
  useEffect(() => {
    renderCount.current += 1;
  });

  return (
    <div>
      Count1: {count1} (renders: {renderCount.current})
    </div>
  );
};

const MemoedCounter1 = memo(Counter1);
```

Counter1 컴포넌트는 컨텍스트 값으로 count1만 사용한다는 것을 알 수 있다. 마찬가지로 count2를 보여주는 Counter2 컴포넌트와 메모된 MemoCounter2 컴포넌트를 다음과 같이 정의한다.

```
const Counter2 = () => {
  const { count2 } = useContext(CountContext);
  const renderCount = useRef(1);

  useEffect(() => {
    renderCount.current += 1;
  });

  return (
    <div>
      Count2: {count2} (renders: {renderCount.current})
    </div>
  );
};

const MemoCounter2 = memo(Counter2);
```

Parent 컴포넌트는 두 개의 메모된 컴포넌트를 가진다. 다음 코드를 보자.

```
const Parent = () => (
  <>
    <MemoCounter1 />
    <MemoCounter2 />
  </>
);
```

마지막으로 App 컴포넌트에는 두 개의 useState 혹이 있으며, 두 개의 카운트를 제공하는 컨텍
스트가 있다. 그리고 다음 코드와 같이 두 카운트를 각각 증가시키는 버튼이 있다.

```
const App = () => {
  const [count1, setCount1] = useState(0);
  const [count2, setCount2] = useState(0);

  return (
    <CountContext.Provider value={{ count1, count2 }}>
      <button onClick={() => setCount1((c) => c + 1)}>
        {count1}
      </button>
      <button onClick={() => setCount2((c) => c + 1)}>
        {count2}
      </button>
      <Parent />
    </CountContext.Provider>
  );
};
```

두 버튼의 위치는 그다지 중요하지 않다. count1과 count2 카운트는 완전히 분리돼 있으며,
Counter1 컴포넌트는 count1만, Counter2 컴포넌트는 count2만 사용한다. 따라서 이상적으로
는 Counter1은 count1이 변경될 때만 리렌더링돼야 한다. 만약 count1이 변경되지 않았는데
도 Counter1이 리렌더링된다면 동일한 결과가 만들어지고, 이는 곧 불필요한 리렌더링을 의미
한다. 이 예제에서는 count2만 변경돼도 Counter1이 리렌더링된다.

이는 리액트 컨텍스트를 활용할 때 반드시 알아둬야 할 리렌더링 문제다.

> **추가적인 리렌더링**
>
> 추가적인 리렌더링은 기술적으로 피해야 하는 순수하게 불필요한 연산이다. 하지만 보통 사용자가 추가 리렌더링을 알아차리지 못하는 경우가 많아 성능에 큰 문제가 없다면 대체로 괜찮다. 실제로 몇 번의 추가 리렌더링을 피하기 위해 오버엔지니어링을 하는 것은 현실적으로 해결할 가치가 없을 수도 있다.

이번 절에서는 리액트 컨텍스트에서 객체를 사용하는 것이 리액트 컨텍스트의 동작으로 인해 문제가 될 수 있는 이유를 알아봤다. 다음으로 컨텍스트로 전역 상태를 구현하기 위한 몇 가지 일반적인 패턴에 대해 알아본다.

전역 상태를 위한 컨텍스트 만들기

리액트 컨텍스트의 동작 방식을 기반으로 전역 상태와 함께 컨텍스트를 사용하는 것과 관련해서 두 가지 해결책을 살펴보겠다.

- 작은 상태 조각 만들기
- useReducer로 하나의 상태를 만들고 여러 컨텍스트로 전파하기

각 해결책을 살펴보자.

작은 상태 조각 만들기

첫 번째 해결책은 전역 상태를 여러 조각으로 나누는 것이다. 합쳐진 큰 객체를 사용하는 대신 각 조각에 대한 컨텍스트와 전역 상태를 만들 수 있다.

다음 예제에서는 두 개의 count 상태를 만들고 각 count 상태에 대해 컨텍스트와 공급자 컴포넌트를 만든다.

먼저 다음과 같이 두 개의 컨텍스트인 Count1Context와 Count2Context를 하나씩 정의한다.

```
type CountContextType = [
  number,
  Dispatch<SetStateAction<number>>
];
```

```
const Count1Context = createContext<CountContextType>([
  0,
  () => {}
]);

const Count2Context = createContext<CountContextType>([
  0,
  () => {}
]);
```

컨텍스트 값은 count 값과 갱신 함수로 구성된 튜플이다. 기본값으로 정적 값과 더미 함수를 지정했다.

그런 다음 Count1Context만 사용하는 Counter1 컴포넌트를 정의한다.

```
const Counter1 = () => {
  const [count1, setCount1] = useContext(Count1Context);
  return (
    <div>
      Count1: {count1}
      <button onClick={() => setCount1((c) => c + 1)}>
        +1
      </button>
    </div>
  );
}
```

Counter1 컴포넌트의 구현은 Count1Context에만 의존하고 다른 컨텍스트에 대해서는 알지 못한다는 것을 알아두자.

마찬가지로 Counter2Context만 사용하는 Counter2 컴포넌트를 다음과 같이 정의한다.

```
const Counter2 = () => {
  const [count2, setCount2] = useContext(Count2Context);
  return (
    <div>
      Count2: {count2}
```

```
      <button onClick={() => setCount2((c) => c + 1)}>
        +1
      </button>
    </div>
  );
};
```

다음 코드에서 볼 수 있듯이 Parent 컴포넌트에는 Counter1과 Counter 컴포넌트가 있다.

```
const Parent = () => (
  <div>
    <Counter1 />
    <Counter1 />
    <Counter2 />
    <Counter2 />
  </div>
);
```

Parent 컴포넌트에는 시연용으로 각 카운터를 두 개씩 뒀다.

다음으로 Count1Context에 대한 Count1Provider 컴포넌트를 정의한다. Count1Provider 컴 포넌트는 다음 코드에서 볼 수 있듯이 useState를 사용해 count 상태를 가지며, 값과 갱신 함 수를 Count1Context.Provider 컴포넌트에 전달한다.

```
const Count1Provider = ({
  children
}: {
  children: ReactNode
}) => {
  const [count1, setCount1] = useState(0);
  return (
    <Count1Context.Provider value={[count1, setCount1]}>
      {children}
    </Count1Context.Provider>
  );
};
```

마찬가지로 Count2Context에 대한 Count2Provider 컴포넌트를 다음과 같이 정의한다.

```
const Count2Provider = ({
  children
}: {
  children: ReactNode
}) => {
  const [count2, setCount2] = useState(0);
  return (
    <Count2Context.Provider value={[count2, setCount2]}>
      {children}
    </Count2Context.Provider>
  );
};
```

Count1Provider와 Count2Provider 컴포넌트는 유사하며 값을 제공하는 컨텍스트만 다르다.

마지막으로 App 컴포넌트에는 다음과 같이 두 개의 공급자 컴포넌트와 Parent 컴포넌트가 있다.

```
const App = () => (
  <Count1Provider>
    <Count2Provider>
      <Parent />
    </Count2Provider>
  </Count1Provider>
);
```

App 컴포넌트에는 두 개의 공급자 컴포넌트가 중첩돼 있다. 공급자 컴포넌트가 많을수록 중첩은 더 깊어진다. 중첩을 완화하는 방법은 '컨텍스트 사용을 위한 모범 사례'에서 논의하겠다.

이 예제에서는 이전 절에서 설명한 리렌더링 문제가 발생하지 않는다. Counter1과 Counter2 컴포넌트는 각각 count1과 count2가 변경될 때만 리렌더링된다. 따라서 각 상태에 대한 공급자를 만들 필요가 있다. 그렇지 않으면 useState가 새로운 튜플 객체를 반환하고 컨텍스트가 리렌더링을 발생시킨다.

객체가 한 번 사용되고 그것을 사용했을 때 컨텍스트의 동작 방식에 문제가 되지 않는다면 객체를 컨텍스트 값으로 사용해도 괜찮다. 다음 코드는 한 번만 사용되는 user 객체의 예다.

```
const [user, setUser] = useState({
  firstName: 'react',
  lastName: 'hooks'
});
```

이 경우 컨텍스트별로 나누는 것은 큰 의미가 없다. user 객체에 대해 단일 컨텍스트를 사용하는 것이 더 좋다.

다음으로 다른 해결책을 살펴보자.

useReducer로 하나의 상태를 만들고 여러 개의 컨텍스트로 전파하기

두 번째 해결책은 단일 상태를 만들고 여러 컨텍스트를 사용해 상태 조각을 배포하는 것이다. 이 경우 상태를 갱신하는 함수를 배포하는 것은 별도의 컨텍스트로 해야 한다.

다음 예제는 useReducer를 기반으로 한다. 코드를 보면 세 가지 컨텍스트가 있다. 두 개는 상태 조각을 위한 것이고 마지막 하나는 디스패치(dispatch) 함수를 위한 것이다.

먼저 다음과 같이 두 개의 카운트에 대한 두 컨텍스트와 두 개의 카운트를 갱신하는 데 사용되는 디스패치 함수를 위한 컨텍스트가 있다.

```
type Action = { type: "INC1" } | { type: "INC2" };

const Count1Context = createContext<number>(0);
const Count2Context = createContext<number>(0);
const DispatchContext = createContext<Dispatch<Action>>(
  () => {}
);
```

이때 카운트가 더 많을 경우 카운트 컨텍스트를 더 만들어야 하지만 실행 컨텍스트는 하나만 있어도 된다.

실행 함수를 위한 리듀서는 이 예제의 뒷부분에서 정의하겠다.

다음으로 두 컨텍스트를 사용하는 Counter1 컴포넌트를 정의한다. 한 컨텍스트는 값에 대해, 다른 컨텍스트는 실행 함수를 위해 사용한다.

```
const Counter1 = () => {
  const count1 = useContext(Count1Context);
  const dispatch = useContext(DispatchContext);
  return (
    <div>
      Count1: {count1}
      <button onClick={() => dispatch({ type: "INC1" })}>
        +1
      </button>
    </div>
  );
};
```

Counter1 컴포넌트는 Count1Context에서 count1을 불러온다.

다음으로 Counter2 컴포넌트는 다른 컨텍스트에서 count2를 불러온다는 것을 제외하면 Counter1과 동일하다. 코드는 다음과 같다.

```
const Counter2 = () => {
  const count2 = useContext(Count2Context);
  const dispatch = useContext(DispatchContext);
  return (
    <div>
      Count2: {count2}
      <button onClick={() => dispatch({ type: "INC2" })}>
        +1
      </button>
    </div>
```

```
    );
  };
```

Counter1 컴포넌트와 Counter2 컴포넌트는 같은 DispatchContext 컨텍스트를 사용한다.

Parent 컴포넌트는 이전 예제와 동일하다.

```
const Parent = () => (
  <div>
    <Counter1 />
    <Counter1 />
    <Counter2 />
    <Counter2 />
  </div>
);
```

이제 이 예제에서 유일한 Provider 컴포넌트를 정의한다. Provider 컴포넌트에서는 useReducer를 사용한다. 리듀서 함수는 INC1, INC2라는 두 가지 액션 타입을 처리한다. Provider 컴포넌트에는 앞에서 정의한 세 컨텍스트의 공급자가 포함돼 있다. 코드는 다음과 같다.

```
const Provider = ({ children }: { children: ReactNode }) => {
  const [state, dispatch] = useReducer(
    (
      prev: { count1: number; count2: number },
      action: Action
    ) => {
      if (action.type === "INC1") {
        return { ...prev, count1: prev.count1 + 1 };
      }
      if (action.type === "INC2") {
        return { ...prev, count2: prev.count2 + 1 };
      }
      throw new Error("no matching action");
    },
    {
```

```
      count1: 0,
      count2: 0,
    }
  );

  return (
    <DispatchContext.Provider value={dispatch}>
      <Count1Context.Provider value={state.count1}>
        <Count2Context.Provider value={state.count2}>
          {children}
        </Count2Context.Provider>
      </Count1Context.Provider>
    </DispatchContext.Provider>
  );
};
```

리듀서 때문에 코드가 길어졌지만 요점은 중첩된 공급자가 각 상태 조각과 하나의 실행 함수를 제공한다는 것이다.

마지막으로 App 컴포넌트에는 Provider 컴포넌트와 Parent 컴포넌트만 있다.

```
const App = () => (
  <Provider>
    <Parent />
  </Provider>
);
```

이 예제는 불필요한 리렌더링 문제가 없다. count1이 변경되면 Counter1만 리렌더링되고 Counter2는 영향을 받지 않는다.

여러 상태를 사용하는 것보다 단일 상태를 사용할 때의 장점은 단일 상태에서는 하나의 액션으로 여러 조각을 갱신할 수 있다는 것이다. 예를 들어, 리듀서에 다음과 같은 내용을 추가할 수 있다.

```
if (action.type === "INC_BOTH") {
  return {
  ...prev,
  count1: prev.count1 + 1,
  count2: prev.count2 + 1,
  };
}
```

첫 번째 해결책에서 설명한 것처럼 이 해결책에서도 객체(예를 들어, 첫 번째 해결책에서 만든 user 객체)에 대한 컨텍스트를 생성할 수 있다.

이번 절에서는 전역 상태를 위한 컨텍스트를 만드는 두 가지 방법을 알아봤다. 이 두 가지 방법은 보편적인 방법이지만 다양한 방식으로 활용할 수 있다. 핵심은 불필요한 리렌더링을 피하기 위해 여러 컨텍스트를 사용하는 것이다. 다음 절에서는 여러 컨텍스트를 기반으로 전역 상태를 다루는 몇 가지 모범 사례를 알아보겠다.

컨텍스트 사용을 위한 모범 사례

이번 절에서는 다음과 같이 전역 상태를 위한 컨텍스트를 다루는 세 가지 패턴에 대해 알아본다.

- 사용자 정의 훅과 공급자 컴포넌트 만들기
- 사용자 정의 훅이 있는 팩토리 패턴
- reduceRight를 이용한 공급자 중첩 방지

하나씩 살펴보자.

사용자 정의 훅과 공급자 컴포넌트 만들기

이번 장의 이전 예제에서는 useContext를 직접 사용해 컨텍스트 값을 가져왔다. 이제 공급자 컴포넌트뿐만 아니라 컨텍스트 값에 접근하기 위한 사용자 정의 훅을 명시적으로 생성해보 겠다.

다음 예제에서는 사용자 정의 훅과 공급자 컴포넌트를 생성한다. 기본 컨텍스트 값을 null로 만들고 사용자 정의 훅에서 값이 null인지 확인한다. 이렇게 하면 공급자에서 사용자 정의 훅이 사용되는지 확인할 수 있다.

항상 그렇듯이 가장 먼저 하는 일은 컨텍스트를 만드는 것이다. 이번에는 컨텍스트의 기본값이 null이고, 이는 기본값을 사용할 수 없고 공급자가 항상 필요하다는 것을 나타낸다. 코드는 다음과 같다.

```
type CountContextType = [
  number,
  Dispatch<SetStateAction<number>>
];

const Count1Context = createContext<
  CountContextType | null
>(null);
```

그런 다음 Count1Provider를 정의해서 useState로 상태를 생성하고 Count1Context. Provider에 전달한다.

```
export const Count1Provider = ({
  children
}: {
  children: ReactNode
}) => (
  <Count1Context.Provider value={useState(0)}>
    {children}
  </Count1Context.Provider>
);
```

JSX(JavaScript syntax extension) 형식에서 useState(0)을 사용한다는 점을 주목하자. 이 같은 방식도 유효하며 const [count, setCount] = useState(0)과 return <Count1Context.Provider value={[count, setCount]}>로 두 줄로 표현하는 것을 한 줄로 줄여서 표현할 수 있다.

다음으로 Count1Context에서 값을 가져오기 위해 useCount1 훅을 정의한다. 여기서는 컨텍스트 값에서 null이 유의미한 에러를 던지는지 확인한다. 개발자들은 종종 실수하기 때문에 명시적인 에러가 있으면 버그를 더 쉽게 찾을 수 있다. 코드는 다음과 같다.

```
export const useCount1 = () => {
  const value = useContext(Count1Context);
  if (value === null) throw new Error("Provider missing");
  return value;
};
```

그다음 Count2Context를 만들고 Count2Provider 컴포넌트와 useCount2 훅을 만든다. 이름만 빼고 Count1Context, Count1Provider, useCount1과 동일하다. 코드는 다음과 같다.

```
const Count2Context = createContext<
  CountContextType | null
>(null);

export const Count2Provider = ({
  children
}: {
  children: ReactNode
}) => (
  <Count2Context.Provider value={useState(0)}>
    {children}
  </Count2Context.Provider>
);

export const useCount2 = () => {
  const value = useContext(Count2Context);
  if (value === null) throw new Error("Provider missing");
  return value;
};
```

다음으로 count1을 사용하고 카운트와 버튼을 보여주는 Counter1 컴포넌트를 정의한다. 다음 코드에서 주목할 점은 이 컴포넌트가 useCount1 훅에 숨겨진 컨텍스트에 대해서는 알지 못한다는 점이다.

```
const Counter1 = () => {
  const [count1, setCount1] = useCount1();
  return (
    <div>
      Count1: {count1}
      <button onClick={() => setCount1((c) => c + 1)}>
        +1
      </button>
    </div>
  );
};
```

마찬가지로 다음과 같이 Counter2 컴포넌트를 정의한다.

```
const Counter2 = () => {
  const [count2, setCount2] = useCount2();
  return (
    <div>
      Count2: {count2}
      <button onClick={() => setCount2((c) => c + 1)}>
        +1
      </button>
    </div>
  );
};
```

Counter2 컴포넌트는 Counter1 컴포넌트와 거의 비슷하다는 것을 알 수 있다. 가장 큰 차이점은 Counter2 컴포넌트가 useCount1 훅 대신에 useCount2 훅을 사용한다는 점이다.

다음과 같이 앞에서 정의한 Counter1과 Counter2가 포함된 Parent 컴포넌트를 정의한다.

```
const Parent = () => (
  <div>
    <Counter1 />
    <Counter1 />
    <Counter2 />
```

```
      <Counter2 />
    </div>
  );
```

마지막으로 App 컴포넌트를 만들면 예제가 완성된다. 다음과 같이 두 개의 공급자 컴포넌트로 Parent 컴포넌트를 감싼다.

```
const App = () => (
  <Count1Provider>
    <Count2Provider>
      <Parent />
    </Count2Provider>
  </Count1Provider>
);
```

이 코드에 명확하게 나와 있지는 않지만 일반적으로 각 컴포넌트에 대해 contexts/count1. jsx와 같은 파일을 별도로 두고, useCount1과 같은 사용자 정의 훅 및 Count1Provider와 같은 컴포넌트만 내보낸다[3]. 이 예제에서는 Count1Context는 내보내지 않는다.

사용자 정의 훅이 있는 팩토리 패턴

사용자 정의 훅과 공급자 컴포넌트를 만드는 것은 다소 반복적인 작업이다. 그렇지만 이런 작업을 수행하는 함수를 만들 수 있다.

이번에는 구체적인 예제로 createStateContext를 구현해 보겠다.

createStateContext 함수는 초깃값을 받아 상태를 반환하는 useValue 사용자 정의 훅을 사용한다. useState를 사용하면 state 값과 setState 함수 튜플을 반환한다. createStateContext 함수는 상태를 가져오는 사용자 정의 훅과 공급자 컴포넌트 튜플을 반환한다. 이것은 이전 절에서 배운 패턴이다.

---

3 (옮긴이) 모듈에서 export하는 것을 말함.

또한 공급자 컴포넌트에서는 useValue에 전달되는 선택적인 initialValue를 받는 새로운 기능을 제공한다. 이를 통해 생성 시 초깃값을 정의하는 대신 런타임에 상태의 초깃값을 설정할 수 있다. 코드는 다음과 같다.

```
const createStateContext = (
  useValue: (init) => State,
) => {
  const StateContext = createContext(null);
  const StateProvider = ({
    initialValue,
    children,
  }) => (
    <StateContext.Provider value={useValue(initialValue)}>
      {children}
    </StateContext.Provider>
  );
  const useContextState = () => {
    const value = useContext(StateContext);
    if (value === null) throw new Error("Provider missing");
    return value;
  };
  return [StateProvider, useContextState] as const;
};
```

이제 createStateContext를 어떻게 사용하는지 살펴보자. useNumberState 사용자 정의 훅을 정의하고 선택적인 init 매개변수를 받는다. 다음과 같이 init과 함께 useState를 호출한다.

```
const useNumberState = (init) => useState(init || 0);
```

createStateContext에 useNumberState를 전달하면 원하는 만큼 상태 컨텍스트를 만들 수 있다. 여기서는 두 세트를 만들었다. useCount1과 useCount2 타입은 useNumberState로부터 추론된다. 코드는 다음과 같다.

```
const [Count1Provider, useCount1] = createStateContext(useNumberState);
const [Count2Provider, useCount2] = createStateContext(useNumberState);
```

createStateContext 덕분에 정의 작업을 반복하지 않아도 된다.

다음으로 Counter1과 Counter2 컴포넌트를 만들어 보자. useCount1과 useCount2를 사용하는
방법은 다음과 같이 이전 예제와 동일하다.

```
const Counter1 = () => {
  const [count1, setCount1] = useCount1();
  return (
    <div>
      Count1: {count1}
      <button onClick={() => setCount1((c) => c + 1)}>
        +1
      </button>
    </div>
  );
};

const Counter2 = () => {
  const [count2, setCount2] = useCount2();
  return (
    <div>
      Count2: {count2}
      <button onClick={() => setCount2((c) => c + 1)}>
        +1
      </button>
    </div>
  );
};
```

마지막으로 Parent와 App 컴포넌트를 만들자. 보다시피 Count1Provider와 Count2Provider
를 사용하는 방법은 동일하다.

```
const Parent = () => (
  <div>
    <Counter1 />
    <Counter1 />
```

```
      <Counter2 />
      <Counter2 />
    </div>
  );

  const App = () => (
    <Count1Provider>
      <Count2Provider>
        <Parent />
      </Count2Provider>
    </Count1Provider>
  );
```

이전 예제에서 코드를 어떻게 줄였는지 주목하자. createStateContext의 핵심은 반복적인 코드를 피하면서 같은 기능을 제공하는 것이다.

useState를 이용한 useNumberState 대신에 다음과 같이 useReducer를 이용한 사용자 정의 훅을 만들 수도 있다.

```
const useMyState = () => useReducer({}, (prev, action) => {
  if (action.type === 'SET_FOO') {
    return { ...prev, foo: action.foo };
  }
  // ...
};
```

더 복잡한 훅을 만들 수도 있다. 다음 예제에는 사용자 정의 액션 함수인 inc1과 inc2가 있다. 이 예제에서는 useEffect를 사용해 콘솔에 'updated'라는 로그를 출력한다.

```
const useMyState = (initialState = { count1: 0, count2: 0 }) => {
  const [state, setState] = useState(initialState);
  useEffect(() => {
    console.log('updated', state);
  });

  const inc1 = useCallback(() => {
```

```
      setState((prev) => ({
        ...prev,
        count1: prev.count1 + 1
      }));
    }, []);

    const inc2 = useCallback(() => {
      setState((prev) => ({
        ...prev,
        count2: prev.count2 + 1
      }));
    }, []);

    return [state, { inc1, inc2 }];
  };
```

이러한 **useMyState** 혹과 다른 사용자 정의 혹에도 여전히 **createStateContext** 함수를 사용할 수 있다.

이 팩토리 패턴이 타입스크립트에서 잘 작동한다는 것은 주목할 가치가 있다. 타입스크립트는 타입에 대한 추가적인 검사를 제공하며 개발자들은 타입 검사를 통해 더 나은 경험을 얻을 수 있다. 다음 코드는 **createStateContext**와 **useNumberState**에서 타입을 사용한 경우를 보여준다.

```
const createStateContext = <Value, State>(
  useValue: (init?: Value) => State
) => {
  const StateContext = createContext<State | null>(null);
  const StateProvider = ({
    initialValue,
    children,
  }: {
    initialValue?: Value;
    children?: ReactNode;
  }) => (
    <StateContext.Provider value={useValue(initialValue)}>
      {children}
```

```
    </StateContext.Provider>
  );
  const useContextState = () => {
    const value = useContext(StateContext);
    if (value === null){
     throw new Error("Provider missing");
    }
    return value;
  };

  return [StateProvider, useContextState] as const;
};


const useNumberState = (init?: number) => useState(init || 0);
```

createStateContext와 useNumberState에 타입을 적용하면 결과에도 타입이 적용된다.

reduceRight를 이용한 공급자 중첩 방지

createStateContext 함수를 사용하면 여러 상태를 만드는 것이 매우 쉽다. 다음과 같이 다섯 개를 만들었다고 가정해 보자.

```
const [Count1Provider, useCount1] = createStateContext(useNumberState);
const [Count2Provider, useCount2] = createStateContext(useNumberState);
const [Count3Provider, useCount3] = createStateContext(useNumberState);
const [Count4Provider, useCount4] = createStateContext(useNumberState);
const [Count5Provider, useCount5] = createStateContext(useNumberState);
```

여기서 App 컴포넌트는 다음과 같다.

```
const App = () => (
  <Count1Provider initialValue={10}>
    <Count2Provider initialValue={20}>
      <Count3Provider initialValue={30}>
        <Count4Provider initialValue={40}>
```

```
        <Count5Provider initialValue={50}>
          <Parent />
        </Count5Provider>
      </Count4Provider>
    </Count3Provider>
  </Count2Provider>
 </Count1Provider>
);
```

위 코드는 잘못되지 않았으며 컴포넌트 트리가 구성되는 방식을 그대로 보여준다. 하지만 중첩이 너무 많으면 코딩할 때 불편하다. 이러한 코딩 스타일을 완화하기 위해 reduceRight를 사용할 수 있다. 그럼 다음 예제와 같이 App 컴포넌트를 리팩터링할 수 있다.

```
const App = () => {
  const providers = [
    [Count1Provider, { initialValue: 10 }],
    [Count2Provider, { initialValue: 20 }],
    [Count3Provider, { initialValue: 30 }],
    [Count4Provider, { initialValue: 40 }],
    [Count5Provider, { initialValue: 50 }],
  ] as const;
  return providers.reduceRight(
    (children, [Component, props]) =>
      createElement(Component, props, children),
    <Parent />,
  );
};
```

이 방법에는 **고차 컴포넌트(high-order component; HOC)** 생성과 같은 몇 가지 변형이 있을 수 있지만, 핵심은 reduceRight를 사용해 공급자 트리를 구성한다는 점이다.

이 기법은 전역 상태가 있는 컨텍스트뿐만 아니라 모든 컴포넌트에 사용할 수 있다.

이번 절에서는 컨텍스트를 사용해 전역 상태를 사용하는 몇 가지 모범 사례를 알아봤다. 여기서 다룬 내용은 반드시 따라야 하는 것은 아니다. 컨텍스트의 동작과 문제점을 이해한다면 어떤 패턴이든 잘 작동할 것이다.

정리

이번 장에서는 리액트 컨텍스트로 전역 상태를 만드는 방법을 알아봤다. 컨텍스트 전파는 props 전달을 피하기 위해 사용된다. 컨텍스트 동작을 올바르게 이해했다면 컨텍스트를 사용해 전역 상태를 구현하는 것은 간단하다. 기본적으로 불필요한 리렌더링을 피하기 위해 상태를 나누고 각 상태 조각에 대한 컨텍스트를 만들어야 한다. 몇 가지 모범 사례는 컨텍스트를 사용해 전역 상태를 구현하는 데 도움이 되며, 특히 애플리케이션 코드를 구성할 때 도움이 되는 createStateContext는 더욱 그렇다.

다음 장에서는 구독을 이용해 전역 상태를 구현하는 또 다른 패턴을 알아보겠다.

구독을 이용한
모듈 상태 공유

이전 장에서는 전역 상태를 위한 컨텍스트 사용법을 알아봤다. 앞에서 설명한 바와 같이 컨텍스트는 싱글턴 패턴을 위해 설계된 것이 아닌 싱글턴 패턴을 피하고 각 하위 트리에 서로 다른 값을 제공하기 위한 기능이다. 전역 상태를 싱글턴과 유사하게 만들고 싶다면 모듈 상태를 사용하는 것이 싱글턴 값으로 메모리에 할당되기 때문에 더 좋다. 이번 장의 목표는 리액트에서 모듈 상태를 사용하는 방법을 알아보는 것이다. 컨텍스트보다 덜 알려진 패턴이지만 기존 모듈 상태를 통합하는 데 자주 사용된다.

> **모듈 상태란?**
>
> 모듈 상태의 엄격한 정의는 ECMAScript(ES) 모듈 스코프에 정의된 상수 또는 변수다. 이 책에서는 엄격한 정의를 따르지는 않을 것이다. 여기서는 단순하게 모듈 상태는 전역적이거나 파일의 스코프 내에서 정의된 변수라고 가정한다.

이제 리액트에서 모듈 상태를 전역 상태로 사용하는 방법을 알아보겠다. 리액트 컴포넌트에서 모듈 상태를 사용하기 위해서는 구독(subscription)을 사용해야 한다.

이번 장에서는 다음 주제를 다룬다.

- 모듈 상태 살펴보기
- 리액트에서 전역 상태를 다루기 위한 모듈 상태 사용법

- 기본적인 구독 추가하기

- 선택자(selector)와 useSubscription 사용하기

기술 요구사항

리액트와 리액트 훅에 대한 적절한 지식이 필요하다. 자세한 내용은 공식 사이트(https://reactjs.org)를 참고한다.

이번 장의 코드 일부는 타입스크립트(https://www.typescriptlang.org)를 사용하므로 이에 대한 기본 지식이 필요하다.

이번 장의 코드는 다음 깃허브 저장소에서 확인할 수 있다.

- https://github.com/wikibook/msmrh/tree/main/chapter04

이번 장의 코드를 실행하려면 Create React App(https://create-react-app.dev) 또는 CodeSandbox(https://codesandbox.io) 같은 리액트를 실행할 수 있는 환경이 필요하다.

모듈 상태 살펴보기

모듈 상태(module state)는 모듈 수준에서 정의된 변수다. 여기서 모듈은 ES 모듈 또는 파일을 의미한다. 여기서는 간단하게 설명하기 위해 함수 외부에서 정의된 변수를 모듈 상태라고 가정한다.

예를 들어 count 상태를 정의해 보자.

```
let count = 0;
```

이것이 모듈에 정의돼 있다고 가정하면 이것은 모듈 상태다.

보통 리액트에서는 상태를 객체로 사용할 때가 많다. 이번에는 count가 포함된 객체 상태를 정의해 보자.

```
let state = {
  count: 0,
}
```

이 객체에는 더 많은 속성을 추가할 수 있고 객체를 중첩시키는 것도 가능하다.

이제 이 모듈 상태에 접근하는 함수를 정의해 보자. 상태를 읽는 함수로 getState를 만들고 상태를 쓰는 함수로 setState를 정의한다.

```
export const getState = () => state;
```

```
export const setState = (nextState) => {
  state = nextState;
};
```

모듈 외부에서 사용할 것임을 표현하기 위해 함수에 export를 추가했다.

종종 리액트에서는 함수를 통해 상태를 갱신한다. 함수 갱신을 허용하기 위해 setState를 수정해 보자.

```
export const setState = (nextState) => {
  state = typeof nextState === 'function'
    ? nextState(state) : nextState;
};
```

그럼 다음과 같이 함수 갱신을 사용할 수 있다.

```
setState((prevState) => ({
  ...prevState,
  count: prevState.count + 1
}));
```

위 예제처럼 모듈 상태를 직접 정의하는 대신 상태와 상태에 접근할 수 있는 함수가 내부에 있는 컨테이너를 만들 수 있다. 그리고 컨테이너를 생성하는 함수를 만들 수 있다. 그러한 함수의 구현은 다음과 같다.

```
export const createContainer = (initialState) =>
  let state = initialStat
  const getState = () => stat
  const setState = (nextState) => {
    state = typeof nextState === 'function'
      ? nextState(state) : nextStat
  }
  return { getState, setState };
};
```

다음과 같이 사용할 수 있다.

```
import { createContainer } from '...';

const { getState, setState } = createContainer
  count: 0
});
```

지금까지 다룬 모듈 상태는 리액트와 관련이 없다. 다음 절에서는 리액트에서 모듈 상태를 사용하는 방법을 알아본다.

리액트에서 전역 상태를 다루기 위한 모듈 상태 사용법

3장에서 컴포넌트의 상태를 컨텍스트와 공유한 것처럼 리액트 컨텍스트는 하위 트리에 따라 각각 다른 값을 제공하도록 설계돼 있다. 싱글턴 전역 상태에 대해 리액트 컨텍스트를 사용하는 것도 가능하지만 컨텍스트의 기능을 완전하게 활용하는 것은 아니다.

전체 트리에서 전역 상태가 필요하다면 모듈 상태가 더 적합할 수 있다. 하지만 리액트 컴포넌트에서 모듈 상태를 사용하려면 리렌더링 최적화를 직접 처리해야 한다.

간단한 예제부터 살펴보자. 아쉽게도 다음은 작동하지 않는 예제다.

```
let count = 0;
```

```
const Component1 = () => {
  const inc = () => {
    count += 1;
  }

  return (
    <div>{count} <button onClick={inc}>+1</button></div>
  );
};
```

처음에는 count가 0으로 표시된다. 버튼을 클릭하면 count 값이 증가하지만 컴포넌트가 리렌더링되지는 않는다.

이 책을 쓰는 시점을 기준으로 리액트에는 리렌더링을 일으키는 혹은 useState와 useReducer 두 개만 있다. 따라서 모듈 상태에 반응하는 컴포넌트를 만들려면 둘 중 하나를 사용해야만 한다.

이전 예제를 다음과 같이 수정해서 작동시킬 수 있다.

```
let count = 0;

const Component1 = () => {
  const [state, setState] = useState(count);
  const inc = () => {
    count += 1;
    setState(count);
  }

  return (
    <div>{state} <button onClick={inc}>+1</button></div>
  );
};
```

이제 버튼을 클릭하면 count 값이 증가하고 컴포넌트가 리렌더링된다.

이번에는 다른 컴포넌트가 count를 사용하는 경우 어떻게 되는지 살펴보자.

```
const Component2 = () => {
  const [state, setState] = useState(count);
  const inc2 = () => {
    count += 2;
    setState(count);
  }

  return (
    <div>{state} <button onClick={inc2}>+2</button></div>
  );
};
```

Component1에서 버튼을 클릭하더라도 Component2가 리렌더링되지 않는다. Component2에서 버튼을 클릭해야만 리렌더링되고 최신 모듈 상태가 표시된다. 두 컴포넌트가 동일한 값을 보여 줄 것이라고 예상했지만 실제로는 그렇지 않으므로 Component1과 Component2의 상태가 불일 치한다. 두 개의 Component1 컴포넌트를 사용하더라도 불일치가 발생한다.

이 문제의 좋지 않은 해결책 중 하나는 Component1과 Component2에서 동시에 setState 함수를 호출하는 것이다. 이를 해결하기 위해서는 컴포넌트 생명 주기를 고려하면서 컴포넌트 외부에 있는 모듈 수준에서 setState를 관리할 필요가 있다. 따라서 컴포넌트 생명 주기에 따라 동작하는 useEffect 훅을 이용해 setState를 리액트 외부에 Set과 같은 별도의 자료구조에 추가해서 관리하게 할 수 있다.

다음 예제는 가능한 해결책 중 하나로, 방금 설명한 내용을 보여주기 위한 것이며 실용적인 예제는 아니다.

```
let count = 0;
const setStateFunctions = new Set<(count: number) => void>();

const Component1 = () => {
  const [state, setState] = useState(count);

  useEffect(() => {
    setStateFunctions.add(setState);
    return () => { setStateFunctions.delete(setState); };
```

```
  }, []);

  const inc = () => {
    count += 1;
    setStateFunctions.forEach((fn) => {
      fn(count);
    });
  }

  return (
    <div>{state} <button onClick={inc}>+1</button></div>
  );
};
```

useEffect의 부수 효과를 정리하기 위해 useEffect에서 함수를 반환하고 inc 함수에서 setStateFunctions 집합을 통해 모든 setState 함수를 호출하는 것을 볼 수 있다.

이제 Component2도 Component1처럼 수정한다.

```
const Component2 = () => {
  const [state, setState] = useState(count);

  useEffect(() => {
    setStateFunctions.add(setState);
    return () => { setStateFunctions.delete(setState); };
  }, []);

  const inc2 = () => {
    count += 2;
    setStateFunctions.forEach((fn) => {
      fn(count);
    });
  }

  return (
    <div>{state} <button onClick={inc2}>+2</button></div>
  );
};
```

이미 앞에서 언급했듯이 이것은 좋은 해결책이 아니다. 게다가 Component1과 Component2에 중복 코드가 있다. 이는 컴포넌트가 추가될수록 계속해서 늘어날 것이다.

다음 절에서는 구독을 소개하고 반복되는 코드를 줄여보겠다.

기초적인 구독 추가하기

이제 구독에 대해 알아보고 어떤 방식으로 모듈 상태를 리액트의 상태에 연결하는지 알아본다.

구독은 갱신에 대한 알림을 받기 위한 방법이다. 구독의 일반적인 사용법은 다음과 같다.

```
const unsubscribe = store.subscribe(() => {
  console.log('store is updated');
});
```

store에 subscribe 메서드가 있고, 이 메서드는 callback 함수를 받고 unsubscribe 함수를 반환한다고 가정해 보자. 이 경우 store가 갱신될 때마다 콜백 함수가 호출되고 로그가 출력된다고 예상할 수 있다.

이제 구독으로 모듈 상태를 구현해 보자. 여기서는 '모듈 상태 살펴보기'에서 설명한 getState 및 setState 메서드 외에도 state 값과 subscribe 메서드를 보유하는 객체를 store라고 부를 것이다. createStore는 초기 상태 값을 통해 store를 생성하는 함수다.

```
type Store<T> = {
  getState: () => T;
  setState: (action: T | ((prev: T) => T)) => void;
  subscribe: (callback: () => void) => () => void;
};

const createStore = <T extends unknown>(
  initialState: T
): Store<T> => {
  let state = initialState;
```

```
  const callbacks = new Set<() => void>();
  const getState = () => state;
  const setState = (nextState: T | ((prev: T) => T)) => {
    state =
      typeof nextState === "function"
        ? (nextState as (prev: T) => T)(state)
        : nextState;
    callbacks.forEach((callback) => callback());
  };
  const subscribe = (callback: () => void) => {
    callbacks.add(callback);
    return () => {
      callbacks.delete(callback);
    };
  };

  return { getState, setState, subscribe };
};
```

'모듈 상태 탐구하기'에서 구현한 createContainer 함수와 다르게 createStore에는 콜백을 호출하는 subscribe 메서드와 setState 메서드가 있다.

다음과 같이 createStore를 사용할 수 있다.

```
import { createStore } from '...';

const store = createStore({ count: 0 });
console.log(store.getState());
store.setState({ count: 1 });
store.subscribe(...);
```

store 변수는 state를 담고 있기에 store 변수 전체를 모듈 상태라고 볼 수 있다.

다음으로 리액트에서 store 변수를 사용해 보자.

이번에는 store의 상태 값과 갱신 함수를 튜플[1]로 반환하는 새로운 사용자 정의 혹인 useStore를 정의한다.

```
const useStore = (store) => {
  const [state, setState] = useState(store.getState());

  useEffect(() => {
    const unsubscribe = store.subscribe(() => {
      setState(store.getState());
    });
    setState(store.getState()); // [1]
    return unsubscribe;
  }, [store]);

  return [state, store.setState];
};
```

주석으로 표시한 [1] 부분을 살펴보자. 해당 부분은 에지 케이스(edge case)를 다루기 위한 코드로, useEffect에서 setState() 함수를 한 번 호출한다. 이는 useEffect가 뒤늦게 실행돼서 store가 이미 새로운 상태를 가지고 있을 가능성이 있기 때문이다.

다음으로 useStore가 포함된 컴포넌트를 살펴보자.

```
const Component1 = () => {
  const [state, setState] = useStore(store);
  const inc = () => {
    setState((prev) => ({
      ...prev,
      count: prev.count + 1,
    }));
  };

  return (
    <div>
```

---
1 (옮긴이) 여기서는 배열에서 요소 두 개를 사용하는 것을 말한다.

```
      {state.count} <button onClick={inc}>+1</button>
    </div>
  );
};
```

모듈 상태는 결국 리액트에서 갱신되기 때문에 리액트의 상태와 동일하게 모듈 상태를 불변적으로 갱신하는 것이 중요하다.

Component1과 마찬가지로 다음과 같이 Component2를 정의한다.

```
const Component2 = () => {
  const [state, setState] = useStore(store);
  const inc2 = () => {
    setState((prev) => ({
      ...prev,
      count: prev.count + 2,
    }));
  };

  return (
    <div>
      {state.count} <button onClick={inc2}>+2</button>
    </div>
  );
};
```

두 컴포넌트의 두 버튼 모두 store의 모듈 상태를 갱신하며, 두 컴포넌트의 상태는 공유된다.

마지막으로 App 컴포넌트를 정의한다.

```
const App = () => (
  <>
    <Component1 />
    <Component2 />
  </>
);
```

이 앱을 실행하면 그림 4.1과 같은 것을 볼 수 있다. [+1] 또는 [+2] 버튼을 클릭하면 두 개의 카운트가 3으로 표시되어 함께 갱신되는 것을 볼 수 있다.

그림 4.1 실행 중인 애플리케이션의 화면

이번 절에서는 구독을 사용해 모듈 상태를 리액트 컴포넌트에 연결하는 방법을 알아봤다.

다음 절에서는 선택자 함수를 이용해 특정 상태만 사용하는 방법과 useSubscription을 사용하는 방법을 알아보겠다.

선택자와 useSubscription 사용하기

이전 절에서 만든 useStore는 상태 객체 전체를 반환한다. 이는 상태 객체에서 일부분만 변경되더라도 모든 useStore 훅에 전달되기 때문에 불필요한 리렌더링을 발생시킬 수 있다는 것을 의미한다.

필요 없는 리렌더링을 피하기 위해 컴포넌트가 필요로 하는 상태의 일부분만 반환하는 선택자(selector)를 도입할 수 있다.

이를 위해 useStoreSelector를 구현하겠다. 먼저 이전 절에서 구현한 것과 동일한 createStore 함수를 사용해 다음과 같이 store를 만든다.

```
const store = createStore({ count1: 0, count2: 0 });
```

store의 상태에는 count1과 count2라는 두 개의 카운트가 있다.

useStoreSelector 혹은 useStore와 비슷하지만 추가로 선택자 함수를 받고, 선택자 함수를 사용해 상태의 범위를 지정한다.

```
const useStoreSelector = <T, S>(
  store: Store<T>,
  selector: (state: T) => S
) => {
  const [state, setState] = useState(() => selector(store.getState()));

  useEffect(() => {
    const unsubscribe = store.subscribe(() => {
      setState(selector(store.getState()));
      setState(selector(store.getState()));
    });
    setState(selector(store.getState()));
    return unsubscribe;
  }, [store, selector]);

  return state;
};
```

useStore와 다르게 useStoreSelector의 useState 혹은 상태의 전체 내용 대신 selector의 반환 값을 가진다.

이제 useStoreSelector를 사용할 컴포넌트를 만들어 보자. 여기서 useStoreSelector를 통해 사용할 상태 값은 count1이다. 참고로 상태를 갱신하려면 store.setState()를 직접 호출해야 한다. 다음 코드의 Component1은 count1을 보여주기 위한 컴포넌트다.

```
const Component1 = () => {
  const state = useStoreSelector(
    store,
    useCallback((state) => state.count1, []),
  );

  const inc = () => {
    store.setState((prev) => ({
      ...prev,
      count1: prev.count1 + 1,
    }));
```

```
    };

    return (
      <div>
        count1: {state} <button onClick={inc}>+1</button>
      </div>
    );
};
```

안정적으로 선택자 함수를 넘기려면 useCallback을 사용해야 한다. 그렇지 않으면 useEffect 의 두 번째 인수에 선택자 함수가 지정돼 있으므로 선택자 함수를 바꾸지 않더라도 Component1 을 렌더링할 때마다 store를 구독 해제하고 구독하는 것을 반복하게 된다.

다음으로 count1 대신 count2를 보여주는 Component2를 정의한다. 이번에는 useCallback을 사용하지 않기 위해 컴포넌트 외부에서 선택자 함수를 정의한다.

```
const selectCount2 = (
  state: ReturnType<typeof store.getState>
) => state.count2;

const Component2 = () => {
  const state = useStoreSelector(store, selectCount2);

  const inc = () => {
    store.setState((prev) => ({
      ...prev,
      count2: prev.count2 + 1,
    }));
  };

  return (
    <div>
      count2: {state} <button onClick={inc}>+1</button>
    </div>
  );
};
```

마지막으로 App 컴포넌트가 잘 작동하는지 확인하기 위해 Component1과 Component2를 두 개씩 사용한다.

```
const App = () => (
  <>
    <Component1 />
    <Component1 />
    <Component2 />
    <Component2 />
  </>
);
```

그림 4.2와 같이 제대로 동작하는지 확인해 보자.

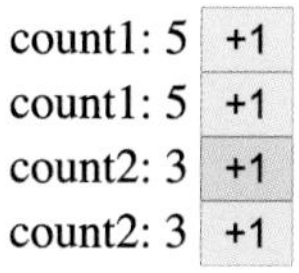

count1: 5 +1
count1: 5 +1
count2: 3 +1
count2: 3 +1

그림 4.2 실행 중인 애플리케이션의 화면

처음 두 줄은 Component1에 의해 렌더링된 내용이다. 처음 두 +1 버튼 중 하나를 클릭하면 count1이 증가해서 Component1이 리렌더링된다. 반면 Component2(그림 4.2의 마지막 두 줄)는 count2가 변경된 것이 아니기 때문에 리렌더링되지 않는다.

useStoreSelector 혹은 잘 작동하고 실제 운영 환경에서 사용할 수 있지만 store 또는 selector가 변경될 때 주의할 점이 있다. useEffect는 조금 늦게 실행되기 때문에 재구독될 때까지는 갱신되기 이전 상태 값을 반환한다. 고치는 것은 가능하지만 약간의 기술적인 문제가 있다.

다행히 리액트 팀은 이러한 사용 사례에 대한 use-subscription[2]이라는 공식적인 훅을 제공한다.

---

2 https://www.npmjs.com/package/use-subscription

useSubscription을 사용해 useStoreSelector을 다시 구현해 보자. 코드는 다음과 같이 간단하다.

```
const useStoreSelector = (store, selector) => useSubscription(
  useMemo(() => ({
    getCurrentValue: () => selector(store.getState()),
    subscribe: store.subscribe,
  }), [store, selector])
);
```

코드를 수정하더라도 애플리케이션은 여전히 똑같이 작동한다.

혹은 useStoreSeletor 훅을 사용하지 않고 Component1에서 직접 useSubscription을 사용할 수도 있다.

```
const Component1 = () => {
  const state = useSubscription(useMemo(() => ({
    getCurrentValue: () => store.getState().count1,
    subscribe: store.subscribe,
  }), []));

  const inc = () => {
    store.setState((prev) => ({
      ...prev,
      count1: prev.count1 + 1,
    }));
  };

  return (
    <div>
      count1: {state} <button onClick={inc}>+1</button>
    </div>
  );
};
```

이 경우 useMemo를 사용했기 때문에 useCallback은 필요하지 않다.

---

useSubscription과 useSyncExternalStore

향후 새로운 버전의 리액트에서 useSubscription을 계승하는 useSyncExternalStore[3]라는 훅이 포함될 예정이다. 따라서 모듈 상태를 사용하는 것이 더 쉬워질 것이다.[4]

이번 절에서는 선택자를 사용해 필요한 상태를 지정하는 방법과 useSubscription 훅을 이용한 좀 더 공식적이고 구체적인 해결책을 알아봤다.

정리

이번 장에서는 모듈 상태를 만들고 리액트에서 사용하는 방법을 알아봤다. 이번 장에서 다룬 내용을 활용하면 모듈 상태를 리액트에서 전역 상태로 사용할 수 있다. 구독은 모듈 상태가 변경될 때 컴포넌트가 리렌더링할 수 있게 만들기 때문에 중요하다. 리액트에서 모듈 상태를 사용하기 위한 기본적인 구독 구현 외에도 공식 패키지가 있다는 것을 확인했다. 직접 구현한 구독 로직과 공식 패키지는 모두 운영 환경에서 사용하기에 적합하다.

다음 장에서는 첫 번째 패턴과 두 번째 패턴을 조합해서 전역 상태를 구현하는 세 번째 패턴을 알아본다.

---

3   https://github.com/reactwg/react-18/discussions/86
4   (옮긴이) 리액트 18 버전에서 useSyncExternalStore가 포함돼 릴리스됐다.

05

리액트 컨텍스트와 구독을 이용한
컴포넌트 상태 공유

앞의 두 개의 장에서 전역 상태를 위해 리액트 컨텍스트를 이용하는 방법과 구독을 사용하는
방법을 알아봤다. 두 방법은 서로 다른 이점을 가지고 있다. 리액트 컨텍스트를 사용하면 각 하
위 트리마다 서로 다른 값을 제공할 수 있고 구독은 불필요한 리렌더링을 막을 수 있다.

이번 장에서는 리액트 컨텍스트와 구독을 합친 새로운 방법을 알아볼 것이다. 이 방법을 통해
다음과 같은 이점을 얻을 수 있다.

- 컨텍스트는 하위 트리에 전역 상태를 제공할 수 있고 컨텍스트 공급자를 중첩하는 것이 가능하다. 컨텍스
  트를 사용하면 리액트 컴포넌트 생명 주기 내에서 useState와 같은 훅으로 전역 상태를 제어할 수 있다.

- 반면 구독을 사용하면 단일 컨텍스트로는 불가능한 리렌더링 문제를 해결할 수 있다.

하위 트리마다 다른 값을 가질 수 있고 불필요한 리렌더링을 피할 수 있다는 두 가지 이점을 모
두 확보하는 것은 규모가 큰 애플리케이션을 만들 때 좋은 해결책이 될 수 있다.

이러한 접근 방식은 어느 정도 규모가 큰 애플리케이션에 유용하다. 이러한 애플리케이션은 각
하위 트리에서 서로 다른 값을 가지는 경우가 있으며, 애플리케이션 성능 측면에서 매우 중요
한 리렌더링 최적화가 필요하다.

이번 장에서는 다음과 같은 주제를 다룬다.

- 모듈 상태의 한계
- 컨텍스트 사용이 필요한 시점
- 컨텍스트와 구독 패턴

기술 요구사항

리액트와 리액트 훅에 대한 적절한 지식이 필요하다. 자세한 내용은 공식 사이트(https://reactjs.org)를 참고한다.

이번 장의 코드 일부는 타입스크립트(https://www.typescriptlang.org)를 사용하므로 이에 대한 기본 지식이 필요하다.

이번 장의 코드는 다음 깃허브 저장소에서 확인할 수 있다.

- https://github.com/wikibook/msmrh/tree/main/chapter05

이번 장의 코드를 실행하려면 Create React App(https://create-react-app.dev) 또는 CodeSandbox(https://codesandbox.io) 같은 리액트를 실행할 수 있는 환경이 필요하다.

모듈 상태의 한계

모듈 상태는 리액트 컴포넌트 외부에 존재하는 전역으로 정의된 싱글턴이기 때문에 컴포넌트 트리나 하위 트리마다 다른 상태를 가질 수 없다는 한계가 있다.

4장 '구독을 이용한 모듈 상태 공유'에서 구현한 **createStore**를 다시 살펴보자.

```
const createStore = (initialState) => {
  let state = initialState;

  const callbacks = new Set();
  const getState = () => state;
  const setState = (nextState) => {
```

```
    state = typeof nextState === 'function'
      ? nextState(state) : nextState;
    callbacks.forEach((callback) => callback());
  };
  const subscribe =(callback) => {
    callbacks.add(callback);
    return () => { callbacks.delete(callback); };
  };

  return { getState, setState, subscribe };
};
```

위 코드의 createStore를 사용해 count 속성을 가지는 새로운 store를 생성해 보자.

```
const store = createStore({ count: 0 });
```

여기서 store는 리액트 컴포넌트 외부에 정의돼 있다.

리액트 컴포넌트에서 store를 사용하려면 useStore를 사용해야 한다. 다음 코드를 보면 동일한 store를 통해 공유된 count를 보여주는 두 컴포넌트가 있다. 두 컴포넌트는 4장 '구독을 이용한 모듈 상태 공유'에서 구현한 useStore를 사용한다.

```
const Counter = () => {
  const [state, setState] = useStore(store);
  const inc = () => {
    setState((prev) => ({
      ...prev,
      count: prev.count + 1,
    }));
  };

  return (
    <div>
      {state.count} <button onClick={inc}>+1</button>
    </div>
  );
```

```
  };

  const Component = () => (
    <>
      <Counter />
      <Counter />
    </>
  );
```

Counter 컴포넌트는 store 객체의 count 숫자를 보여주고 count 값을 갱신하는 button을 가지고 있다. Counter 컴포넌트는 재사용 가능하기 때문에 Component는 두 개의 Counter 인스턴스를 가질 수 있다. 이렇게 Component는 동일한 상태를 공유하는 한 쌍의 카운터를 보여줄 수 있다.

이번에는 다른 한 쌍의 카운터를 추가로 보여주고 싶다고 가정해 보자. Component에 새로운 한 쌍의 Counter 컴포넌트를 추가하고 싶지만, 새로운 한 쌍은 첫 번째와 다른 카운트를 보여줘야 한다.

그러니 새로운 count 값을 만들 것이다. 이미 정의한 store 객체에 새 속성을 추가할 수도 있지만 다른 속성이 있다고 가정하고 스토어를 격리해 보자. 따라서 store2를 생성한다.

```
  const store2 = createStore({ count: 0 })
```

createStore는 재사용이 가능하기 때문에 store2 객체를 생성하는 것은 간단하다.

다음으로 store2를 사용할 컴포넌트를 만든다.

```
  const Counter2 = () => {
    const [state, setState] = useStore(store2);
    const inc = () => {
      setState((prev) => ({
        ...prev,
        count: prev.count + 1,
      }));
    };
```

```
  return (
    <div>
      {state.count} <button onClick={inc}>+1</button>
    </div>
  );
};

const Component2 = () => (
  <>
    <Counter2 />
    <Counter2 />
  </>
);
```

여기서 Counter와 Counter2는 비슷하다. 유일하게 다른 점은 Counter에서는 store를, Counter2에서는 store2를 참조한다는 점이다. 더 많은 스토어를 지원하려면 Counter3 또는 Counter4가 필요할 것이다. 이상적으로 Counter는 재사용 가능해야 하지만 모듈 상태는 리액트 외부에서 정의되기 때문에 불가능하다. 이것이 모듈 상태의 한계다.

> **중요 메모**
>
> props에 store를 넣으면 Counter 컴포넌트를 재사용할 수 있지 않을까? 하지만 컴포넌트가 깊게 중첩되면 프로퍼티 내리꽂기(prop drilling)가 발생한다. 모듈 상태를 소개한 주된 이유 중 하나가 프로퍼티 내리꽂기를 피하기 위한 것임을 떠올려 보자.

Counter 컴포넌트를 다른 스토어에서 재사용할 수 있다면 좋을 것이다. 다음 의사 코드를 보자.

```
const Component = () => (
  <StoreProvider>
    <Counter />
    <Counter />
  </StoreProvider>
);
```

```
const Component2 = () => (
  <Store2Provider>
    <Counter />
    <Counter />
  </Store2Provider>
);

const Component3 = () => (
  <Store3Provider>
    <Counter />
    <Counter />
  </Store3Provider>
);
```

코드를 보면 Component, Component2, Component3이 거의 동일하다는 것을 알 수 있다. 유일한 차이점은 Provider 컴포넌트다. 바로 여기가 리액트 컨텍스트를 사용하기에 적합한 곳이다. 이에 대해서는 '컨텍스트와 구독 패턴 사용하기' 절에서 더 자세히 다룰 것이다.

이제 모듈 상태의 한계와 여러 스토어를 위한 이상적인 패턴을 이해했을 것이다. 다음으로 컨텍스트에 대해 다시 살펴본 다음 컨텍스트 사용법을 살펴보자.

컨텍스트 사용이 필요한 시점

컨텍스트와 구독을 함께 사용하는 방법을 배우기에 앞서 컨텍스트가 작동하는 방식을 복습해보자.

다음 코드는 테마를 나타내는 간단한 컨텍스트 예제다. createContext에 기본값을 넣어서 생성할 수 있다.

```
const ThemeContext = createContext("light");

const Component = () => {
  const theme = useContext(ThemeContext);
  return <div>Theme: {theme}</div>
};
```

useContext(ThemeContext)가 반환하는 것은 컴포넌트 트리의 컨텍스트에 따라 달라진다.

컨텍스트의 값을 변경하고 싶다면 다음과 같이 컨텍스트에서 Provider 컴포넌트를 사용할 수 있다.

```
<ThemeContext.Provider value="dark">
  <Component />
</ThemeContext.Provider>
```

이와 같이 사용하면 Component는 dark 테마로 표시된다.

공급자는 중첩될 수 있고 가장 안쪽에 위치한 공급자의 값을 사용한다.

```
<ThemeContext.Provider value="this value is not used">
  <ThemeContext.Provider value="this value is not used">
    <ThemeContext.Provider value="this is the value used">
      <Component />
    </ThemeContext.Provider>
  </ThemeContext.Provider>
</ThemeContext.Provider>
```

컴포넌트 트리에 공급자가 없는 경우에는 기본값을 사용한다.

예를 들어, 다음 Root 컴포넌트가 최상위 컴포넌트라고 가정해 보자.

```
const Root = () => (
  <>
    <Component />
  </>
);
```

이 경우 Component는 light 테마로 표시된다.

최상위에서 동일한 기본값을 제공하는 공급자가 있는 예제를 살펴보자.

```
const Root = () => (
  <ThemeContext.Provider value="light">
    <Component />
  </ThemeContext.Provider>
);
```

이 경우도 마찬가지로 Component는 light 테마를 표시한다.

이번에는 컨텍스트를 언제 사용해야 하는지 알아보자. 앞에서 작성한 예제를 생각했을 때 공급자가 있는 예제와 공급자가 없는 예제의 차이점은 뭘까? 차이가 없다고 말할 수 있다. 기본값을 사용하면 같은 결과가 나온다.

컨텍스트에 적절한 기본값을 설정하는 것은 중요하다. 컨텍스트 공급자는 기본 컨텍스트 값 또는 부모 공급자가 제공하는 값이 있는 경우 이 값을 재정의(override)하는 메서드라고 볼 수 있다.

즉, ThemeContext 사례처럼 적절한 기본값이 있다면 공급자를 사용할 이유가 없지만 전체 컴포넌트 트리의 하위 트리에 대해 다른 값을 제공할 필요가 있다면 공급자를 사용해야 한다.

컨텍스트를 사용한 전역 상태의 경우 트리 최상위에서 하나의 공급자만 사용할 수 있다. 유효한 사용 사례지만 4장 '구독을 이용한 모듈 상태 공유'에서 배운 구독을 통한 모듈 상태를 사용하는 편이 더 나을 수도 있다. 모듈 상태가 트리의 최상위에 하나의 컨텍스트 공급자가 있는 사용 사례를 대체할 수 있다는 점을 생각하면 전역 상태를 위한 컨텍스트는 서로 다른 하위 트리에 서로 다른 값을 제공해야 하는 경우에만 필요하다.

이번 절에서는 리액트 컨텍스트를 다시 살펴보고 언제 사용하면 좋을지 알아봤다. 다음으로 컨텍스트와 구독을 함께 사용하는 방법을 알아보자.

컨텍스트와 구독 패턴 사용하기

앞에서 살펴본 것처럼 하나의 컨텍스트를 사용해 전역 상태 값을 전파하는 것은 불필요한 리렌더링이 발생한다는 문제가 있다.

구독을 이용한 모듈 상태는 이런 문제가 없지만 전체 컴포넌트 트리에 대해 하나의 값만 제공한다는 문제가 있다.

컨텍스트와 구독을 함께 사용한다면 두 가지 문제점을 극복할 수 있다. 바로 구현해 보자. 먼저 createStore부터 시작하겠다. 이것은 4장 '구독을 이용한 모듈 상태 공유'에서 구현한 것과 정확히 동일한 구현이다.

```
type Store<T> = {
  getState: () => T;
  setState: (action: T | ((prev: T) => T)) => void;
  subscribe: (callback: () => void) => () => void;
};

const createStore = <T extends unknown>(
  initialState: T
): Store<T> => {
  let state = initialState;

  const callbacks = new Set<() => void>();
  const getState = () => state;
  const setState = (nextState: T | ((prev: T) => T)) => {
    state =
      typeof nextState === "function"
        ? (nextState as (prev: T) => T)(state)
        : nextState;
    callbacks.forEach((callback) => callback());
  };
  const subscribe = (callback: () => void) => {
    callbacks.add(callback);
    return () => {
      callbacks.delete(callback);
    };
  };

  return { getState, setState, subscribe };
};
```

4장 '구독을 이용한 모듈 상태 공유'에서 모듈 상태를 만들 때 createStore를 사용했다. 이번에는 Context 값에 createStore를 사용해 보자.

다음 코드는 컨텍스트를 생성하는 예제다. 기본값은 기본 스토어로 사용할 createStore에 전달된다.

```
type State = { count: number; text?: string };

const StoreContext = createContext<Store<State>>(
  createStore<State>({ count: 0, text: "hello" })
);
```

이 경우 기본 스토어의 상태에는 count와 text라는 두 가지 속성이 있다.

하위 트리에 서로 다른 스토어를 제공하기 위해 StoreContext.Provider를 간단하게 감싼 StoreProvider를 구현한다.

```
const StoreProvider = ({
  initialState,
  children,
}: {
  initialState: State;
  children: ReactNode;
}) => {
  const storeRef = useRef<Store<State>>();
  if (!storeRef.current) {
    storeRef.current = createStore(initialState);
  }

  return (
    <StoreContext.Provider value={storeRef.current}>
      {children}
    </StoreContext.Provider>
  );
};
```

useRef는 스토어 객체가 첫 번째 렌더링에서 한 번만 초기화되게 만드는 데 사용된다.

이제 스토어 객체를 사용하기 위해 useSelector라는 훅을 구현한다. 4장 '구독을 이용한 모듈 상태 공유'의 '선택자와 useSubscription 사용하기' 절에서 구현한 useStoreSelector와 달리 useSelector는 인수로 스토어 객체를 받지 않는다. 그 대신 StoreContext에서 store 객체를 가져온다.

```
const useSelector = <S extends unknown>(
  selector: (state: State) => S
) => {
  const store = useContext(StoreContext);

  return useSubscription(
    useMemo(
      () => ({
        getCurrentValue: () => selector(store.getState()),
        subscribe: store.subscribe,
      }),
      [store, selector]
    )
  );
};
```

이 패턴의 핵심은 useContext와 함께 useSubscription을 사용하는 것이다. 이 조합을 통해 컨텍스트와 구독의 이점을 모두 누릴 수 있다.

다만 모듈 상태와 다르게 컨텍스트를 사용해서 상태를 갱신하는 방법을 제공할 필요가 있다. useSetState는 store에서 setState 함수를 반환하는 간단한 훅이다.

```
const useSetState = () => {
  const store = useContext(StoreContext);
  return store.setState;
};
```

이번에는 앞에서 구현한 것을 직접 사용해보겠다. 다음 예제의 Component에서는 count를 증가시키는 버튼과 함께 store에서 count를 보여준다. 참고로 Component 외부에서 selectCount를 정의하지 않으면 함수를 useCallback 함수로 감싸야 하므로 추가 작업이 발생한다.[1]

```
const selectCount = (state: State) => state.count;

const Component = () => {
  const count = useSelector(selectCount);
  const setState = useSetState();
  const inc = () => {
    setState((prev) => ({
      ...prev,
      count: prev.count + 1,
    }));
  };

  return (
    <div>
      count: {count} <button onClick={inc}>+1</button>
    </div>
  );
};
```

여기서 Component 컴포넌트는 특정 스토어 객체에 연결돼 있지 않다는 점에 주목해야 한다. Component 컴포넌트는 다른 스토어에서 사용할 수 있다.

또한 다양한 위치에서 Component를 가질 수 있다.

- 공급자 외부

- 첫 번째 공급자 내부

- 두 번째 공급자 내부

---

1 (옮긴이) selectCount가 컴포넌트 내부에 있는 경우 컴포넌트가 리렌더링될 때마다 useSelector 훅 내부에서 사용되는 useMemo가 갱신된다. 그러면 불필요한 재구독이 발생한다. 만약 컴포넌트 내부에 selectCount를 두는 경우 useCallback을 통해 리렌더링 시 같은 값에 대한 전파를 막을 수 있다.

다음 App 컴포넌트에는 세 곳에 Component 컴포넌트가 포함돼 있다.

1. StoreProvider 외부

2. 첫 번째 StoreProvider 컴포넌트 내부

3. 두 번째로 중첩된 StoreProvider 컴포넌트 내부

서로 다른 StoreProvider 컴포넌트 내의 Component 컴포넌트는 서로 다른 count 값을 공유한다.

```
const App = () => (
  <>
    <h1>Using default store</h1>
    <Component />
    <Component />
    <StoreProvider initialState={{ count: 10 }}>
      <h1>Using store provider</h1>
      <Component />
      <Component />
      <StoreProvider initialState={{ count: 20 }}>
        <h1>Using inner store provider</h1>
        <Component />
        <Component />
      </StoreProvider>
    </StoreProvider>
  </>
);
```

동일한 store 객체를 사용하는 Compoenet 컴포넌트는 동일한 count 값을 보여준다. 이 경우 다른 컴포넌트 트리의 컴포넌트는 다른 store를 사용하므로 컴포넌트들은 다른 count 값을 표시한다. 이 애플리케이션을 실행하면 다음과 같은 모습이 나타난다.

Using default store

count: 1 +1
count: 1 +1

Using store provider

count: 11 +1
count: 11 +1

Using inner store provider

count: 21 +1
count: 21 +1

그림 5.1 실행 중인 애플리케이션의 화면

Using default store에서 [+1] 버튼을 클릭하면 두 개의 카운트가 함께 갱신되는 것을 볼 수 있다. Using store provider에서 [+1] 버튼을 클릭하면 해당 영역에서 두 개의 카운트가 함께 갱신되는 것을 볼 수 있다. Using inner store provider에서도 동일하게 적용된다.

이번 절에서는 컨텍스트와 구독을 함께 사용해 전역 상태를 구현하고 이점을 활용하는 방법을 알아봤다. 컨텍스트로 인해 하위 트리에서 상태를 분리할 수 있고, 구독으로 인해 리렌더링 문제를 피할 수 있었다.

정리

이번 장에서는 리액트 컨텍스트와 구독을 함께 사용하는 새로운 접근 방식을 알아봤다. 이 방식은 하위 트리에서 분리된 값을 제공하고 리렌더링을 피하는 두 가지 이점을 모두 제공한다. 그렇기 때문에 규모가 큰 애플리케이션에서 유용하다. 이러한 애플리케이션에서는 서로 다른 하위 트리에 서로 다른 값이 있을 수 있으며, 애플리케이션 성능에서 매우 중요한, 불필요한 리렌더링을 피할 수 있다.

다음 장부터 다양한 전역 상태 라이브러리를 알아보겠다. 지금까지 다룬 내용을 바탕으로 해당 라이브러리가 어떻게 작동하는지 알아볼 것이다.

3부

라이브러리 구현 및 용도

3부에서는 마이크로 상태 관리를 위한 네 가지 라이브러리와 함께 리렌더링 최적화를 위한 접근 방식과 사용법을 알아본다.

3부의 구성은 다음과 같다.

- 6장, 전역 상태 관리 라이브러리 소개
- 7장, 사용 사례 시나리오 1: Zustand
- 8장, 사용 사례 시나리오 2: Jotai
- 9장, 사용 사례 시나리오 3: Valtio
- 10장, 사용 사례 시나리오 4: React Tracked
- 11장, 세 가지 전역 상태 관리 라이브러리의 유사점과 차이점

06

전역 상태 관리
라이브러리 소개

지금까지 컴포넌트 간에 상태를 공유하는 데 사용되는 몇 가지 패턴을 살펴봤다. 이 책의 나머지 부분에서는 이러한 패턴을 사용하는 다양한 전역 상태 라이브러리를 소개한다.

라이브러리를 알아보기에 앞서 전역 상태의 특성을 이해하기 위해 전역 상태와 관련된 문제와 함께 전역 상태 라이브러리에서 상태가 위치하는 곳과 리렌더링을 제어하는 방법이라는 두 가지 측면에 대해서 먼저 알아보겠다.

이번 장에서는 다음 주제를 다룬다.

- 전역 상태 관리 문제 해결하기
- 데이터 중심 접근 방식과 컴포넌트 중심 접근 방식 사용하기
- 리렌더링 최적화

기술 요구사항

리액트와 리액트 훅에 대한 적절한 지식이 필요하다. 자세한 내용은 공식 사이트(https://reactjs.org)를 참고한다.

이번 장의 코드를 실행하려면 Create React App(`https://create-react-app.dev`) 또는 CodeSandbox(`https://codesandbox.io`) 같은 리액트를 실행할 수 있는 환경이 필요하다.

전역 상태 관리 문제 해결하기

리액트는 컴포넌트라는 개념을 중심으로 설계됐다. 컴포넌트 모델에서는 모든 것이 재사용 가능한 것으로 여겨진다. 지금까지 다룬 전역 상태는 컴포넌트 외부에 존재한다. 컴포넌트에 대한 추가적인 의존성이 필요하기 때문에 가능하면 전역 상태 사용을 피하는 것이 좋지만 전역 상태를 사용하는 것은 매우 편리하며 생산성을 높일 수 있다. 그리고 어떤 애플리케이션에는 전역 상태가 필요한 요구사항이 있을 수 있다.

전역 상태를 설계할 때는 두 가지 문제점이 있다.

- 첫 번째 문제점은 전역 상태를 읽는 방법이다.

  전역 상태는 여러 값을 가질 수 있고, 전역 상태를 사용하는 컴포넌트는 전역 상태의 모든 값이 필요하지 않은 경우가 있다. 전역 상태가 바뀌면 리렌더링이 발생하는데, 변경된 값이 컴포넌트와 관련 없는 경우에도 리렌더링이 발생한다. 이러한 리렌더링은 바람직하지 않으며, 전역 상태 라이브러리는 이에 대해 해결책을 제공할 필요가 있다. 불필요한 리렌더링을 피하는 방법에는 여러 가지가 있으며, '리렌더링 최적화' 절에서 더 자세히 다루겠다.

- 두 번째 문제점은 전역 상태에 값을 넣거나 갱신하는 방법이다.

  앞서 말했듯이 전역 상태는 여러 값을 가질 수 있으며, 그중 일부는 중첩된 객체일 수 있다. 이럴 때 하나의 전역 변수를 가지고 개발자가 직접 값을 변경하는 것은 좋은 방법이 아닐 수 있다. 다음 코드는 전역 변수에서 하나의 프로퍼티를 개발자가 직접 값을 변경하는 예다.

```
let globalVariable = {
  a: 1,
  b: {
    c: 2,
    d: 3,
  },
  e: [4, 5, 6],
};

globalVariable.b.d = 9;
```

위 예제에서 `globalVariable.b.d = 9`라는 변경은 전역 상태에서 작동하지 않을 수 있다. 변경 사항을 감지하고 리액트 컴포넌트를 리렌더링할 방법이 없기 때문이다.

따라서 전역 상태 변경을 감지하기 위해서는 전역 상태를 변경하는 함수를 제공해야 한다. 또한 변수가 직접 변경될 수 없도록 클로저에서 변수를 숨기는 경우도 있다. 다음 코드는 클로저에서 변수를 읽고 쓰는 두 가지 함수를 만드는 예다.

```
const createContainer = () => {
  let state = { a: 1, b: 2 };
  const getState = () => state;
  const setState = (...) => { ... };
  return { getState, setState };
};

const globalContainer = createContainer();
globalContainer.setState(...);
```

`createContainer` 함수는 `getState`와 `setState` 함수를 포함하는 `globalContainer`를 생성한다. `getState`는 전역 상태를 읽는 함수이고 `setState`는 전역 상태를 갱신하는 함수다. 전역 상태를 갱신하기 위해 `setState`와 같은 함수를 구현하는 방법에는 여러 가지가 있다. 이번 장에서 구체적인 예제를 살펴보겠다.

전역 상태 관리 대 범용 상태 관리

이 책에서는 전역 상태 관리에 초점을 맞추고 있으며, 범용 상태 관리는 이 책에서 다루지 않는다. 범용 상태 관리를 위해서는 Redux[1] 같은 단방향 데이터 흐름을 통한 접근 방식과 XState[2] 같은 상태 머신 기반 접근 방식이 널리 사용된다. 범용 상태 관리 접근 방식은 전역 상태뿐만 아니라 지역 상태에도 유용하다.

리액트 및 React Redux에 대한 참고 사항

Redux는 전역 상태 관리에서 큰 역할을 해왔다. Redux는 전역 상태를 염두에 두고 단방향 데이터 흐름으로 상태 관리를 해결한다. 하지만 Redux 자체는 리액트와 아무 관련이 없다. 리액트와 Redux를 묶는 것은 React Redux[3]라는 라이브러리다. Redux 자체에는 리렌더링을 피할 수 있는 기능이나 개념이 없지만 React Redux

---

1   https://redux.js.org

2   https://xstate.js.org

3   https://react-redux.js.org

에는 그러한 기능이 있다.

Redux와 React Redux가 워낙 인기가 많았기 때문에 과거에는 남용하는 개발자도 있었다. 이는 리액트 16.3 이전 버전에서 리액트 컨텍스트의 기능이 부족했기 때문이며, 대체 가능한 대중적인 방법이 없었다. 그런 개발자들은 단방향 데이터 흐름이 필요하지 않은 사례에 대한 레거시 컨텍스트[4]에 React Redux를 잘못 사용[5]하곤 했다. 리액트 16.3 버전 이후의 리액트 컨텍스트와 리액트 16.8 버전 이후의 useContext 훅을 사용하게 되면서 프로퍼티 내리꽂기와 불필요한 리렌더링을 쉽게 피할 수 있었다. 그로 인해 이 책에서 중점으로 다루는 마이크로 단위의 상태 관리가 가능해졌다.

따라서 엄밀히 이 책의 범위는 React Redux에서 Redux를 뺀 것이다. Redux 자체는 범용적인 상태 관리를 위한 훌륭한 해결책이며, React Redux와 함께 이번 절에서 논의한 전역 상태 관련 문제를 해결한다.

이번 절에서는 전역 상태 라이브러리와 관련된 일반적인 문제에 대해 논의했다. 다음으로 상태가 어디에 위치하는지 알아보겠다.

데이터 중심 접근 방식과 컴포넌트 중심 접근 방식 사용하기

전역 상태는 엄밀히 말해 데이터 중심과 컴포넌트 중심이라는 두 가지 유형으로 나눌 수 있다. 다음 절에서는 이 두 가지 접근 방식에 대해 자세히 알아보겠다. 그런 다음, 몇 가지 예외에 대해서도 알아본다.

데이터 중심 접근 방식 이해하기

애플리케이션을 설계할 때 데이터 모델은 싱글턴으로 가질 수 있으며 처리할 데이터가 이미 있을 수 있다. 이 경우 컴포넌트를 정의한 후 데이터와 컴포넌트를 연결한다. 다른 라이브러리나 서버 등 외부에서 데이터를 변경하는 것도 가능하다.

데이터 중심 접근 방식의 경우 모듈 상태가 리액트 외부의 자바스크립트 메모리에 있기 때문에 모듈 상태를 사용하는 편이 더 적합하다. 모듈 상태는 리액트가 렌더링을 시작하기 전이나 모든 리액트 컴포넌트가 마운트 해제된 후에도 존재할 수 있다.

---

4 (옮긴이) 리액트 16.3 버전 이전에 존재하던 컨텍스트 API를 말한다. 레거시 컨텍스트는 클래스 컴포넌트에서 사용됐으며, 이 책에서 서술하는 것처럼 설계적인 결함이 있어 기능이 부족했다. 이에 대한 자세한 내용은 공식 홈페이지에서 확인할 수 있다. https://reactjs.org/docs/legacy-context.html

5 (옮긴이) React Redux는 단방향 데이터 흐름을 기반으로 한 전역 상태 관리 라이브러리다. 전역 상태에 대한 갱신이 없다면 굳이 React Redux를 사용할 필요 없이 레거시 컨텍스트를 사용하는 것이 옳다. 이는 과거 리액트 사용에 대한 이야기이며 현재는 유효하지 않다.

데이터 중심 접근 방식을 사용하는 전역 상태 라이브러리는 모듈 상태를 생성하고 모듈 상태를 리액트 컴포넌트에 연결하는 API를 제공한다. 모듈 상태는 보통 상태 변수에 접근하고 갱신하는 메서드를 가진 store 객체로 감싼다.

컴포넌트 중심 접근 방식 이해하기

데이터 중심 접근 방식과 다르게 컴포넌트 중심 접근 방식을 사용하면 컴포넌트를 먼저 설계할 수 있다. 특정 시점에 컴포넌트는 공유 정보에 접근해야 할 수도 있다. 2장 '지역 상태와 전역 상태 사용하기'의 '지역 상태를 효과적으로 사용하는 방법' 절에서 논의한 것처럼 상태를 위로 끌어올리고 props로 전달할 수 있다. 앞서 이와 같은 방식을 프로퍼티 내리꽂기라고 표현했다. 프로퍼티 내리꽂기가 적합한 해결책이 아닌 경우 전역 상태를 도입할 수 있다. 물론 먼저 데이터 모델을 설계하는 것부터 시작할 수도 있지만 컴포넌트 중심 접근 방식에서는 데이터 모델이 컴포넌트에 강한 의존성을 가지고 있다.

컴포넌트 중심 접근 방식에서는 컴포넌트 생명 주기 내에서 전역 상태를 유지하는 것이 더 적합하다. 의존하는 컴포넌트가 모두 마운트 해제되면 전역 상태도 함께 사라지기 때문이다. 이를 활용하면 자바스크립트 메모리에 두 개 이상의 동일한 전역 상태를 둘 수 있는데, 각 전역 상태는 서로 다른 컴포넌트 하위 트리에 존재하기 때문이다.

데이터 중심 접근 방식을 사용하는 전역 상태 라이브러리는 팩토리 함수를 제공하며, 이러한 팩토리 함수에서는 리액트 컴포넌트에서 사용할 전역 상태를 초기화하는 함수를 생성한다. 팩토리 함수는 직접 전역 상태를 생성하지 않지만, 생성된 함수를 사용해 리액트가 전역 상태의 생명 주기를 처리하도록 한다.

두 접근 방식의 예외

앞에서 설명한 것은 일반적인 사용 사례이며, 여기엔 몇 가지 예외가 있다. 꼭 데이터 중심 접근 방식과 컴포넌트 중심 접근 방식 중 하나만 선택해야 하는 것은 아니다. 실제로는 두 가지 접근 방식 중 하나를 사용하거나 두 가지 접근 방식을 함께 사용할 수 있다.

모듈 상태는 대체로 싱글턴 패턴으로 구현되지만 하위 트리에 대해 여러 모듈 상태를 만들 수도 있다. 심지어 모듈 상태의 생명 주기를 제어할 수도 있다.

하위 트리에 상태를 제공하기 위해 컴포넌트 상태가 사용되기도 한다. 하지만 공급자 컴포넌트를 트리의 최상위에 두고 트리가 하나만 있으면 사실상 싱글턴 패턴이라고 볼 수 있다.

컴포넌트 상태는 대체로 useState 훅으로 구현되지만 변경 가능한 변수[6]나 store가 필요한 경우 useRef 훅으로도 구현이 가능하다. 구현은 useState를 사용하는 것보다 복잡할 수도 있지만 여전히 컴포넌트 생명 주기에 포함된다.

이번 절에서는 전역 상태를 사용하는 두 가지 접근 방식에 대해 알아봤다. 모듈 상태는 주로 데이터 중심 접근 방식에서 사용되며, 컴포넌트 상태는 주로 컴포넌트 중심 접근 방식에서 사용된다. 다음으로 리렌더링을 최적화하기 위한 몇 가지 패턴에 대해 알아보겠다.

리렌더링 최적화

전역 상태에서 리렌더링을 피하는 것은 정말 중요한 문제다. 이는 리액트를 위한 전역 상태 라이브러리를 설계할 때 고려해야 할 핵심 문제라 할 수 있다.

일반적으로 전역 상태는 여러 속성이 있으며, 중첩된 객체일 수 있다. 다음 예제를 보자.

```
let state = {
  a: 1,
  b: { c: 2, d: 3 },
  e: { f: 4, g: 5 },
};
```

이 state 객체를 가지고 state.b.c와 state.e.g를 사용하는 두 개의 컴포넌트인 ComponentA와 ComponentB가 있다고 가정해 보자. 다음은 두 컴포넌트의 의사 코드다.

```
const ComponentA = () => {
  return <>value: {state.b.c}</>;
```

---

6   (옮긴이) useRef를 사용하면 변경이 발생해도 리렌더링이 발생하지 않는다. 따라서 컴포넌트 내에서 변수처럼 사용할 수 있다.

```
};

const ComponentB = () => {
  return <>value: {state.e.g}</>;
};
```

이제 다음과 같이 state를 변경한다고 가정해 보자.

```
++state.a;
```

이것은 state의 속성을 변경하지만 state.b.c 또는 state.e.g는 변경하지 않는다. 이 경우 두 컴포넌트를 리렌더링할 필요가 없다.

리렌더링 최적화의 핵심은 컴포넌트에서 state의 어느 부분이 사용될지 지정하는 것이다. state의 일부분을 지정하는 몇 가지 접근 방식이 있다. 이번 절에서는 다음과 같은 세 가지 접근 방식을 살펴볼 것이다.

- 선택자 함수 사용

- 속성 접근 감지

- 아톰 사용

이 세 가지 방식을 하나씩 살펴보자.

선택자 함수 사용

첫 번째 접근 방식은 선택자 함수를 사용하는 것이다. 선택자 함수는 상태를 받아 상태의 일부를 반환한다.

예를 들어, 선택자 함수를 받아 state의 일부를 반환하는 useSelector 훅이 있다고 가정하자.

```
const Component = () => {
  const value = useSelector((state) => state.b.c);
  return <>{value}</>;
};
```

state.b.c가 2라면 Component는 2를 표시한다. 이제 이 컴포넌트가 state.b.c에만 관심이 있다는 것을 알고 있으므로 state.a가 변경된 경우에는 리렌더링을 피해야 한다.

useSelector는 상태가 변경될 때마다 선택자 함수의 결과를 비교하는 데 사용된다. 따라서 선택자 함수는 동일한 입력이 주어졌을 때 state를 참조해서 동일한 결과를 반환하는 것이 중요하다.

선택자 함수는 매우 유연해서 상태의 일부뿐만 아니라 파생된 값도 반환할 수 있다. 예를 들어, 다음과 같이 두 배로 곱한 값을 반환할 수 있다.

```
const Component = () => {
  const value = useSelector((state) => state.b.c * 2);
  return <>{value}</>;
};
```

> **선택자와 메모이제이션에 대한 주요 사항**
>
> 선택자 함수가 반환하는 값이 숫자와 같은 원시 값이면 문제가 없다. 하지만 선택자 함수가 파생된 객체 값을 반환하는 경우에는 메모이제이션을 사용해 동일한 객체를 반환하도록 해야 한다. 메모이제이션에 대해서는 https://en.wikipedia.org/wiki/Memoization을 참고한다.

선택자 함수는 컴포넌트의 어느 부분을 사용할지 명시적으로 지정하는 방법이므로 이를 수동 최적화라고 한다.

속성 접근 감지

컴포넌트에서 원하는 상태를 명시적으로 지정할 수 있는 선택자 함수를 사용하지 않고도 렌더링 최적화를 자동으로 수행할 수 있을까? 속성 접근을 감지하고 감지한 정보를 렌더링 최적화에 사용할 수 있는 상태 사용 추적(state usage tracking)이라는 것이 있다.

예를 들어, 상태 사용 추적 기능이 있는 useTrackedState 훅이 있다고 가정해 보자.

```
const Component = () => {
  const trackedState = useTrackedState();
  return <p>{trackedState.b.c}</p>;
};
```

이 훅을 통해 trackedState가 .b.c 속성에 접근했음을 감지할 수 있고 .b.c 속성 값이 변경될 때만 useTrackedState가 리렌더링을 발생시킨다. 따라서 useSelector는 수동 렌더링 최적화인 반면 useTrackedState는 자동 렌더링 최적화다.

앞의 예제 코드는 간단히 설명하기 위해 인위적으로 만들었다. 위 예제는 수동 렌더링 최적화인 useSelector로도 쉽게 구현할 수 있다. 이번에는 두 가지 값을 사용하는 다른 예제를 살펴보자.

```
const Component = () => {
  const trackedState = useTrackedState();
  return (
    <>
      <p>{trackedState.b.c}</p>
      <p>{trackedState.e.g}</p>
    </>
  );
};
```

useSelector 훅으로 위 코드와 같은 동작을 수행하도록 구현하는 것은 쉽지 않다. 위 코드와 같은 동작을 하도록 선택자를 작성하려면 메모이제이션이나 사용자 지정 비교 함수[7]와 같은 복잡한 기법이 필요하다. 하지만 useTrackedState를 사용하면 그런 복잡한 기법 없이도 작동한다.

useTrackedState를 구현하려면 상태 객체에 대한 속성 접근을 확인하기 위한 프락시(proxy)[8]가 필요하다. 이 기능을 제대로 구현하면 useSelector를 사용하는 경우를 대부분 대체할 수 있고 자동으로 렌더링 최적화를 수행할 수 있다. 하지만 자동 렌더링 최적화가 완벽하게 작동하지 않는 경우가 있다. 다음 절에서 자세히 살펴보자.

---

7 (옮긴이) 객체의 값을 비교해서 실제로 같은 값인지 확인할 수 있는 함수를 말한다. 예를 들어, const a = { count: 1 }과 const b = { count: 1 }은 같아 보이지만, 동등 연산자를 사용하면 false가 반환된다. 따라서 (a, b) => a.count === b.count와 같은 함수를 작성해서 실제로 같은 값인지 확인하는 방법을 사용하곤 한다.

8 https://developer.mozilla.org/ko/docs/Web/JavaScript/Reference/Global_Objects/Proxy

useSelector와 useTrackedState의 차이점

경우에 따라 useTrackedState보다 useSelector가 더 적합한 사례가 있다. useSelector는 파생 값을 만들 수 있기 때문에 상태를 더 간단한 값으로 만들 수 있다.

간단한 예제를 통해 useSelector와 useTrackedState의 차이를 확인해 보자. 다음은 useSelector를 사용하는 컴포넌트 예제다.

```
const Component = () => {
  const isSmall = useSelector((state) => state.a < 10);
  return <>{isSmall ? 'small' : 'big'}</>;
};
```

이번에는 useTrackedState를 사용해 같은 동작을 수행하는 다음과 같은 컴포넌트를 만들어 보자.

```
const Component = () => {
  const isSmall = useTrackedState().a < 10;
  return <>{isSmall ? 'small' : 'big'}</>;
};
```

기능 면에서 useTrackedState를 사용한 컴포넌트는 잘 작동하지만 state.a가 변경될 때마다 리렌더링된다. 반대로 useSelector를 사용하면 isSmall이 변경될 때만 리렌더링되므로 useTrackedState보다 더 최적화됐다고 볼 수 있다.

아톰 사용

아톰 사용(using atom)이라고 부르는 또 다른 접근 방식이 있다. 아톰은 리렌더링을 발생시키는 데 사용되는 최소 상태 단위다. 전체 전역 상태를 구독해서 리렌더링을 피하는 대신 아톰을 사용하면 좀 더 세분화해서 구독하는 것이 가능하다.

예를 들어, 아톰만 구독하는 useAtom 훅이 있다고 가정해 보자. atom 함수는 state 객체에서 아톰을 생성할 수 있다.

```
const globalState = {
  a: atom(1),
  b: atom(2),
  e: atom(3),
};

const Component = () => {
  const value = useAtom(globalState.a);
  return <>{value}</>;
};
```

아톰이 완전히 분리돼 있다면 별도의 전역 상태를 갖는 것과 거의 같다고 볼 수 있다. 하지만 아톰으로 파생 값을 만들 수 있다. 예를 들어, globalState의 모든 속성을 더하고 싶다고 가정해 보자. 의사 코드는 다음과 같다.

```
const sum = globalState.a + globalState.b + globalState.c;
```

이 작업을 수행하기 위해서는 의존성을 추적해서 아톰이 갱신될 때마다 파생 값을 다시 평가해야 한다. 8장 '사용 사례 시나리오 2: Jotai'에서 이러한 API가 어떻게 구현되는지 자세히 알아보겠다.

아톰을 사용하는 접근 방식은 수동 최적화와 자동 최적화의 중간 정도로 볼 수 있다. 아톰과 파생 값의 정의는 명시적이지만 의존성 추적은 자동으로 된다.

이번 절에서는 리렌더링 최적화를 위한 다양한 패턴에 대해 알아봤다. 전역 상태 라이브러리에서는 리렌더링을 최적화하는 방법을 설계하는 것이 중요하다. 이는 라이브러리 API에 영향을 미치는 경우가 많으며, 리렌더링을 최적화하는 방법을 이해하는 것도 라이브러리 사용자에게 도움이 된다.

정리

이번 장에서는 전역 상태 라이브러리의 실제 구현을 살펴보기에 앞서 그와 관련된 몇 가지 기본적인 지식과 각 전역 상태 라이브러리 사이의 차이점이 무엇인지 알아봤다. 또한 전역 상태 라이브러리를 선택할 때 라이브러리가 전역 상태를 읽고 작성하는 방법, 저장하는 위치, 리렌더링을 최적화하는 방법을 알아봤다. 이는 특정 사용 사례에 대해 어떤 라이브러리가 적합한지 이해하는 데 중요하며, 필요에 맞는 라이브러리를 선택하는 데도 도움이 된다.

07

사용 사례
시나리오 1: Zustand

지금까지 리액트에서 전역 상태를 구현하는 데 사용할 수 있는 몇 가지 기본 패턴을 알아봤다. 이번 장에서는 실제로 구현되고 공개적으로 사용 가능한 패키지인 Zustand에 대해 알아본다.

Zustand[1]는 주로 리액트의 모듈 상태를 생성하도록 설계된 작은 라이브러리다. 상태 객체를 수정할 수 없고 항상 새로 만들어야 하는 불변 갱신 모델을 기반으로 한다. 렌더링 최적화는 선택자를 사용해 수동으로 한다. 또한 간단하면서도 강력한 store 생성자 인터페이스가 있다.

이번 장에서는 모듈 상태와 구독이 어떻게 사용되는지 살펴보고 라이브러리 API가 어떻게 동작하는지 살펴보겠다.

이번 장에서는 다음과 같은 주제를 다룬다.

- 모듈 상태와 불변 상태 이해하기

- 리렌더링 최적화를 위한 리액트 훅 추가하기

- 읽기 상태와 갱신 상태 사용하기

- 구조화된 데이터 다루기

- 라이브러리와 접근 방식의 장단점

---

1 https://github.com/pmndrs/zustand

> **참고**
>
> 이 책을 집필할 당시 Zustand의 버전은 v3이다. 향후 버전에는 몇 가지 다른 API를 제공할 수도 있다.[2]
>
> ▪ https://docs.pmnd.rs/zustand/migrations/migrating-to-v4

기술 요구사항

리액트와 리액트 훅에 대한 적절한 지식이 필요하다. 자세한 내용은 공식 사이트(https://reactjs.org)를 참고한다.

이번 장의 코드 일부는 타입스크립트(https://www.typescriptlang.org)를 사용하므로 이에 대한 기본 지식이 필요하다.

이번 장의 코드는 다음 깃허브 저장소에서 확인할 수 있다.

- https://github.com/wikibook/msmrh/tree/main/chapter07

이번 장의 코드를 실행하려면 Create React App(https://create-react-app.dev) 또는 CodeSandbox(https://codesandbox.io) 같은 리액트를 실행할 수 있는 환경이 필요하다.

이 책의 집필 시점을 기준으로 Zustand의 버전은 v3다. 향후 버전에서는 일부 다른 API를 제공할 수도 있다.

모듈 상태와 불변 상태 이해하기

Zustand는 상태를 유지하는 store를 만드는 데 사용되는 라이브러리다. Zustand는 주로 모듈 상태를 위해 설계됐으므로 모듈에서 store를 정의하고 내보내는 것을 할 수 있다. 이 라이브러리는 상태 객체 속성을 갱신할 수 없는 불변 상태 모델을 기반으로 한다. 상태를 변경하기 위해서는 새 객체를 생성해서 대체해야 하며, 수정하지 않은 객체는 재사용해야 한다. 불변 상

---

2 (옮긴이) 이 책을 번역할 당시 Zustand의 버전은 v4다. v3와 v4의 유일한 차이점은 타입스크립트 지원을 위한 타입 사용 방법 변경이다. v4로 마이그레이션하는 방법은 아래의 공식 라이브러리 문서에 나와 있다.

  ▪ https://docs.pmnd.rs/zustand/migrations/migrating-to-v4

  이 책의 예제는 v4 버전을 사용하더라도 문제 없이 실행되기 때문에 그대로 v4 버전으로 실습해도 된다.

태 모델의 장점은 상태 객체의 참조에 대한 동등성[3]만 확인하면 변경 여부를 알 수 있으므로 객체의 값 전체를 확인할 필요가 없다는 것이다.

다음은 count 상태를 만드는 아주 간단한 예제다. 초기 상태를 반환하는 store 생성자 함수가 필요하다.

```ts
// store.ts
import create from "zustand";

export const store = create(() => ({ count: 0 }));
```

store는 getState, setState, subscribe 같은 기능을 사용할 수 있다. getState를 사용해 store의 상태를 가져오고 setState를 사용해 store의 상태를 설정할 수 있다.

```ts
console.log(store.getState()); // ---> { count: 0 }
store.setState({ count: 1 });
console.log(store.getState()); // ---> { count: 1 }
```

상태가 불변이기 때문에 ++state.count처럼 변경하는 것은 불가능하다. 다음은 상태의 불변성을 위반하는 잘못된 사용법이다.

```ts
const state1 = store.getState();
state1.count = 2; // 잘못됨
store.setState(state1);
```

state1.count = 2는 잘못된 사용법이므로 원하는 대로 작동하지 않는다. 이 잘못된 사용법에서는 새로운 상태가 이전 상태와 동일한 참조를 가지기 때문에 라이브러리는 변경 사항을 제대로 감지할 수 없다.

상태는 반드시 store.setState({ count: 2 })와 같이 새로운 객체를 이용해 갱신해야 한다. store.setState는 함수를 통해 갱신하는 것도 가능하다.

---

3 (옮긴이) 동등성이란 값이 같은지 확인하는 것을 말한다. 보통 객체의 모든 값이 같으면 메모리 주소가 다르더라도 동등성이 있다고 표현한다. 이 책에서 말하는 참조 동등성은 참조하는 메모리 주소가 같은지 확인하는 것을 의미한다.

```
store.setState((prev) => ({ count: prev.count + 1 }));
```

이를 함수 갱신이라고 하며, 이전 상태를 이용해 상태를 쉽게 변경할 수 있다.

지금까지는 상태에 하나의 count 속성만 가지고 있었지만 상태는 여러 속성을 가질 수 있다.
다음 예제에서 text라는 속성을 추가해보겠다.

```
export const store = create(() => ({
  count: 0,
  text: "hello",
}));
```

다시 한번 강조하면, 상태는 다음과 같이 불변으로 변경돼야 한다.

```
store.setState({
  count: 1,
  text: "hello",
});
```

참고로 store.setState()는 새 상태와 이전 상태를 병합한다. 따라서 설정하려는 속성만 지정
해도 된다.

```
console.log(store.getState());
store.setState({
  count: 2,
});
console.log(store.getState());
```

첫 번째 console.log 문은 { count: 1, text: 'hello' }를 출력하고 두 번째는 { count: 2,
text: 'hello' }를 출력한다.

count만 변경하므로 text 속성은 변경되지 않는다. 이것은 내부적으로 Object.assign()으로
구현된다.

```
Object.assign({}, oldState, newState);
```

Object.assign 함수는 oldState와 newState 속성을 병합해서 새 객체를 반환한다.

store 함수에서 남은 부분은 store.subscribe로, 이 함수를 사용하면 store의 상태가 변경될 때마다 호출되는 콜백 함수를 등록할 수 있다. 다음과 같이 동작한다.

```
store.subscribe(() => {
  console.log("store state is changed");
});
store.setState({ count: 3 });
```

store.setState 문을 사용하면 구독으로 인해 'store state is changed'라는 메시지가 콘솔에 출력된다. store.subscribe는 리액트 훅을 구현하기 위한 중요한 함수다.

이번 절에서는 Zustand의 기본 사용법을 알아봤다. 이것은 4장 '구독을 이용한 모듈 상태 공유'에서 배운 것과 매우 유사하다는 것을 알 수 있다. 본질적으로 Zustand는 불변 상태 모델 및 구독이라는 아이디어를 중심으로 설계된 작고 가벼운 라이브러리다.

다음 절에서는 리액트에서 store를 사용하는 방법을 알아본다.

리액트 훅을 이용한 리렌더링 최적화

전역 상태를 사용하는 경우 모든 컴포넌트가 전역 상태를 사용하는 것은 아니기 때문에 리렌더링 최적화가 필요하다. Zustand가 이 문제를 어떻게 해결하는지 알아보자.

리액트에서 store를 사용하려면 사용자 정의 훅이 필요하다. Zustand의 create 함수는 훅으로 사용할 수 있는 store를 생성한다.

리액트 훅의 명명 규칙을 따르기 위해 생성된 값의 이름을 store 대신 useStore로 지정한다.

```
// store.ts
import create from "zustand";
```

```
export const useStore = create(() => ({
  count: 0,
  text: "hello",
}));
```

다음으로 리액트 컴포넌트에서 생성된 useStore 훅을 사용해야 한다. useStore 훅이 호출되면 모든 속성을 포함한 전체 상태 객체를 반환한다. 예를 들어, store에서 count 값을 보여주는 컴포넌트를 만들어 보자.

```
import { useStore } from "./store.ts";

const Component = () => {
  const { count, text } = useStore();
  return <div>count: {count}</div>;
};
```

이 컴포넌트는 count 값을 보여주면서 store 상태가 변경될 때마다 리렌더링된다. 당장은 잘 작동하지만 text 값만 변경되고 count 값이 변경되지 않으면 컴포넌트는 기본적으로 동일한 JSX 요소를 출력하기에 사용자는 화면에서 변경 사항을 볼 수 없다. 한마디로 화면과 관련 없는 text 값을 변경하더라도 리렌더링이 된다는 의미다.

리렌더링을 피해야 하는 경우 useStore에 선택자 함수를 지정할 수 있다. 이전 코드를 다음과 같이 선택자 함수를 사용하도록 재작성한다.

```
const Component = () => {
  const count = useStore((state) => state.count);
  return <div>count: {count}</div>;
};
```

이렇게 하면 count 값이 변경될 때만 컴포넌트가 리렌더링된다.

이 같은 선택자 기반 리렌더링 제어를 **수동 렌더링 최적화**라고 한다. 리렌더링을 피하기 위해 선택자는 선택자 함수가 반환하는 결과를 비교하는 방식으로 작동한다. 리렌더링을 피하기 위해서는 안정적으로 결과를 반환하도록 선택자 함수를 정의할 때 주의해야 한다.

예를 들어, 다음 예제에서는 선택자 함수가 새 객체를 포함해 새로운 배열을 생성하기 때문에 원하는 대로 작동하지 않는다.

```
const Component = () => {
  const [{ count }] = useStore(
    (state) => [{ count: state.count }]
  );
  return <div>count: {count}</div>;
};
```

결과적으로 count 값이 변경되지 않은 경우에도 컴포넌트가 리렌더링된다. 이는 렌더링 최적화를 위해 선택자를 사용할 때 흔히 볼 수 있는 함정이다. 즉, 잘못된 사용법이다.

선택자 기반 렌더링 최적화의 장점은 선택자 함수를 명시적으로 작성하기 때문에 동작을 정확히 예측할 수 있다는 점이다. 하지만 선택자 기반 렌더링 최적화의 단점으로 객체 참조에 대한 이해가 필요하다.

이번 절에서는 Zustand로 만든 훅을 사용하는 방법과 선택자를 이용해 리렌더링을 최적화하는 방법을 알아봤다.

다음으로 간단한 예제를 통해 리액트와 Zustand를 함께 사용하는 방법을 알아보자.

읽기 상태와 갱신 상태 사용하기

Zustand는 다양한 방식으로 사용할 수 있는 라이브러리지만 상태를 읽고 갱신하는 몇 가지 패턴이 있다. 간단한 예제를 통해 Zustand의 사용법을 배워보자.

다음과 같이 count1과 count2 속성을 가진 작은 store가 있다고 가정하자.

```
type StoreState = {
  count1: number;
  count2: number;
};
```

```
const useStore = create<StoreState>(() => ({
  count1: 0,
  count2: 0,
}));
```

코드를 보면 count1과 count2라는 두 개의 속성을 가지고 새로운 store를 만든다. 여기서 StoreState는 타입스크립트 문법인 type을 통해 정의됐다.

다음으로 count1 값을 보여줄 Counter1 컴포넌트를 정의한다. selectCount1 선택자 함수를 미리 만든 후 useStore에 전달해서 리렌더링을 최적화할 것이다.

```
const selectCount1 = (state: StoreState) => state.count1;

const Counter1 = () => {
  const count1 = useStore(selectCount1);
  const inc1 = () => {
    useStore.setState(
      (prev) => ({ count1: prev.count1 + 1 })
    );
  };

  return (
    <div>
      count1: {count1} <button onClick={inc1}>+1</button>
    </div>
  );
};
```

보다시피 inc1이 인라인 함수로 정의돼 있다. 자세히 보면 store에서 setState 함수를 호출한다. 이는 일반적으로 사용되는 패턴이고 더 높은 재사용성과 가독성을 위해 store에 함수를 미리 정의할 수 있다.

create 함수에 전달되는 store 생성자 함수는 몇 가지 인수를 받는다. 첫 번째 인수는 store의 setState 함수다. 이 기능으로 store를 재정의해보자.

```
type StoreState = {
  count1: number;
  count2: number;
  inc1: () => void;
  inc2: () => void;
};

const useStore = create<StoreState>((set) => ({
  count1: 0,
  count2: 0,
  inc1: () => set(
    (prev) => ({ count1: prev.count1 + 1 })
  ),
  inc2: () => set(
    (prev) => ({ count2: prev.count2 + 1 })
  ),
}));
```

이제 store에는 함수 속성인 inc1과 inc2라는 두 개의 새로운 속성이 있다. 첫 번째 인수의 이름을 setState의 줄임말인 set으로 지정하는 것은 좋은 규칙이다.

새로운 store를 사용해 Counter2 컴포넌트를 만들어 보자. 이전 Counter1 컴포넌트와 비교해 보면 동일한 방식으로 리팩터링할 수 있음을 알 수 있다.

```
const selectCount2 = (state: StoreState) => state.count2;
const selectInc2 = (state: StoreState) => state.inc2;

const Counter2 = () => {
  const count2 = useStore(selectCount2);
  const inc2 = useStore(selectInc2);
  return (
    <div>
      count2: {count2} <button onClick={inc2}>+1</button>
    </div>
  );
};
```

이 예제에는 selectInc2라는 새로운 선택자 함수가 있고, inc2 함수는 useStore의 결과일 뿐
이다. 마찬가지로 store에 함수를 더 추가해서 몇 개의 로직이 컴포넌트 외부에 위치하게 할
수 있다. 상태 갱신 로직을 상태 값에 가깝게 배치하는 것은 Zustand의 setState가 이전 상태
와 새로운 상태를 병합하기 위해서다. '모듈 상태와 불변 상태 이해하기' 절에서 Object.assign
이 어떻게 사용되는지를 알아봤다.

파생 상태를 생성하려면 어떻게 해야 할까? 파생 상태에 대한 선택자를 사용하면 된다. 먼저
단순한 예제를 살펴보자. 다음은 count1과 count2의 합계를 보여주는 새로운 컴포넌트다.

```
const Total = () => {
  const count1 = useStore(selectCount1);
  const count2 = useStore(selectCount2);
  return (
    <div>
      total: {count1 + count2}
    </div>
  );
};
```

이것은 유효한 패턴이며 그대로 사용해도 되지만 count1이 증가하고 count2가 같은 양만큼 감
소할 때 리렌더링이 발생하는 에지 케이스가 있다. 합계는 변경되지 않지만 리렌더링된다. 이
것을 피하기 위해 파생 상태에 대한 선택자 함수를 사용할 수 있다.

다음 예제로 합계를 계산하는 데 사용되는 새로운 selectTotal 함수를 살펴보자.

```
const selectTotal = (state: StoreState) => state.count1 + state.count2;

const Total = () => {
  const total = useStore(selectTotal);
  return (
    <div>
      total: {total}
    </div>
  );
};
```

위 코드에서는 합계가 변경될 때만 리렌더링된다.

선택자에서 total을 계산하는 이 방법도 유효한 해결책이지만 store에서 합계를 생성할 수 있는 다른 접근 방식을 살펴보자. store에서 합계를 생성할 수 있다면 결과를 기억할 수 있고 많은 컴포넌트가 값을 사용할 때 불필요한 계산을 피할 수 있다. 이것은 흔하지는 않지만 계산이 매우 많은 경우 중요하다. 단순한 방법은 다음과 같다.

```
const useStore = create((set) => ({
  count1: 0,
  count2: 0,
  total: 0,
  inc1: () => set((prev) => ({
    ...prev,
    count1: prev.count1 + 1,
    total: prev.count1 + 1 + prev.count2,
  })),
  inc2: () => set((prev) => ({
    ...prev,
    count2: prev.count2 + 1,
    total: prev.count2 + 1 + prev.count1,
  })),
}));
```

이 작업을 수행하는 더 정교한 방법이 있지만 기본 아이디어는 여러 속성을 동시에 계산한 후 동기화 상태를 유지하는 것이다. 다른 라이브러리인 Jotai는 이 문제를 잘 처리한다. 자세한 내용은 8장 '사용 사례 시나리오 2: Jotai'에서 살펴보겠다.

예제 애플리케이션을 실행하기 위해 마지막으로 App 컴포넌트를 만들어 보자.

```
const App = () => (
  <>
    <Counter1 />
    <Counter2 />
    <Total />
  </>
);
```

이 애플리케이션을 실행하면 다음과 같은 내용이 표시된다.

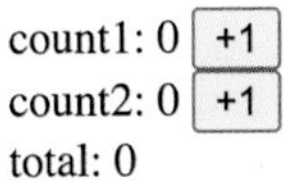

count1: 0 [+1]
count2: 0 [+1]
total: 0

그림 7.1 실행 중인 애플리케이션의 화면

첫 번째 버튼을 클릭하면 count1 레이블과 total 레이블 뒤의 숫자가 화면에서 증가하는 것을 볼 수 있다. 두 번째 버튼도 마찬가지로 클릭하면 화면의 count2 레이블과 total 레이블 뒤 숫자가 증가하는 것을 볼 수 있다.

이번 절에서는 Zustand에서 자주 사용되는 방식으로 상태를 읽고 갱신하는 방법을 알아봤다. 다음으로 구조화된 데이터를 처리하는 방법과 배열을 사용하는 방법을 알아보자.

구조화된 데이터 처리하기

단순히 숫자를 다루는 예제는 상당히 쉽다. 실제로는 객체, 배열 및 이들의 조합을 처리하는 경우가 많다. 다른 예제를 통해 Zustand의 사용법을 알아보자. 이번에는 잘 알려진 Todo 애플리케이션 예제를 만들어보겠다. Todo 애플리케이션은 다음과 같은 작업을 수행할 수 있다.

- 새로운 할일을 생성한다.

- 할일 목록을 표시한다.

- 할일을 완료 상태로 전환한다.

- 할일을 제거한다.

먼저 스토어를 만들기 전에 몇 가지 타입을 정의해야 한다. 다음은 Todo 객체의 타입 정의다. 이 객체에는 id, title, done 속성이 있다.

```
type Todo = {
  id: number;
  title: string;
  done: boolean;
};
```

이제 Todo로 StoreState 타입을 정의할 수 있다. 스토어의 값 중 하나는 할일 목록인 todos
다. 이 외에도 할일 속성을 조작하는 데 사용할 수 있는 세 가지 함수인 addTodo, removeTodo,
toggleTodo가 있다.

```
type StoreState = {
  todos: Todo[];
  addTodo: (title: string) => void;
  removeTodo: (id: number) => void;
  toggleTodo: (id: number) => void;
};
```

todos 속성은 객체의 배열이다. store 상태에 객체 배열을 두는 것은 일반적인 관행이며, 이번
절에서 중점적으로 살펴볼 부분이다.

다음으로 store를 정의해야 한다. 이것은 useStore라는 훅이기도 하다. 생성할 때 store에는
빈 todos 속성과 addTodo, removeTodo, toggleTodo라는 세 가지 함수가 있다. nextId는 새 할
일 목록에 고유한 id를 제공하기 위한 단순한 방법으로 create 함수 외부에 정의돼 있다.

```
let nextId = 0;

const useStore = create<StoreState>((set) => ({
  todos: [],
  addTodo: (title) =>
    set((prev) => ({
      todos: [
        ...prev.todos,
        { id: ++nextId, title, done: false },
      ],
    })),
  removeTodo: (id) =>
    set((prev) => ({
      todos: prev.todos.filter((todo) => todo.id !== id),
    })),
  toggleTodo: (id) =>
    set((prev) => ({
```

```
      todos: prev.todos.map((todo) =>
        todo.id === id ? { ...todo, done: !todo.done } :
          todo
      ),
    })),
  }));
```

코드를 보면 addTodo, removeTodo, toggleTodo 함수가 불변 방식으로 구현돼 있음을 알 수 있다. 즉, 기존 객체와 배열을 변경하지 않고 새로운 객체와 배열을 생성한다.

이제 TodoList 컴포넌트를 만들기 전에 하나의 할일을 렌더링하는 TodoItem 컴포넌트를 정의한다.

```
const selectRemoveTodo = (state: StoreState) => state.removeTodo;
const selectToggleTodo = (state: StoreState) => state.toggleTodo;

const TodoItem = ({ todo }: { todo: Todo }) => {
  const removeTodo = useStore(selectRemoveTodo);
  const toggleTodo = useStore(selectToggleTodo);
  return (
    <div>
      <input
        type="checkbox"
        checked={todo.done}
        onChange={() => toggleTodo(todo.id)}
      />
      <span
        style={{
          textDecoration: todo.done ? "line-through" : "none",
        }}
      >
        {todo.title}
      </span>
      <button
        onClick={() => removeTodo(todo.id)}
      >
```

```
      Delete
    </button>
  </div>
 );
};
```

TodoItem 컴포넌트는 todo 객체를 props로 받기 때문에 상태라는 측면에서 매우 단순한 컴포넌트다. TodoItem 컴포넌트에는 removeTodo로 처리되는 버튼과 toggleTodo로 처리되는 체크박스로 두 가지 컨트롤이 있다. 각 컨트롤에 대한 store에서 제공하는 두 가지 함수인 selectRemoveTodo와 selectToggleTodo 함수는 useStore 함수에 전달되어 각각 removeTodo 와 toggleTodo 함수를 가져온다.

다음으로 TodoItem 컴포넌트의 메모된 버전인 MemoedTodoItem을 만들어 보자.

```
const MemoedTodoItem = memo(TodoItem);
```

이제 이것이 애플리케이션에 어떤 도움이 되는지 알아보기 위해 TodoItem 컴포넌트를 만들어 보겠다. 이 컴포넌트는 store에서 todos 속성을 선택하는 데 사용되는 함수인 selectTodos를 사용한다. 그런 다음 todos 배열을 순회하며 MemoedTodoItem을 렌더링한다.

불필요한 리렌더링을 피하려면 메모된 컴포넌트를 사용하는 것이 중요하다. store 상태를 불변 방식으로 갱신하기 때문에 todos 배열에 있는 대부분의 todo 객체는 변경되지 않는다. todo 객체를 MemoedTodoItem 객체에 전달한 후 변경되지 않으면 컴포넌트가 리렌더링되지 않는다. 즉, todos 배열이 변경될 때마다 TodoList 컴포넌트는 리렌더링되지만 MemoedTodoItem 컴포넌트는 todo 항목이 변경되는 경우에만 리렌더링된다.

다음 코드는 selectTodos 함수와 TodoList 컴포넌트 구현을 보여준다.

```
const selectTodos = (state: StoreState) => state.todos;

const TodoList = () => {
  const todos = useStore(selectTodos);
  return (
    <div>
```

```
      {todos.map((todo) => (
        <MemoedTodoItem key={todo.id} todo={todo} />
      ))}
    </div>
  );
};
```

TodoList 컴포넌트는 todos 목록을 가져오고 각 todo 항목에 대해 MemoedTodoItem 컴포넌트를 렌더링한다.

이제 남은 것은 새로운 todo를 추가하는 기능이다. NewTodo는 텍스트 상자와 버튼을 렌더링하고 버튼을 클릭할 때 addTodo 함수를 호출하는 데 사용할 수 있는 컴포넌트다. 그리고 selectAddTodo는 store에서 addTodo 함수를 선택하는 데 사용할 수 있는 함수다.

```
const selectAddTodo = (state: StoreState) => state.addTodo;

const NewTodo = () => {
  const addTodo = useStore(selectAddTodo);
  const [text, setText] = useState("");
  const onClick = () => {
    addTodo(text);
    setText(""); // [1]
  };
  return (
    <div>
      <input
        value={text}
        onChange={(e) => setText(e.target.value)}
      />
      <button onClick={onClick} disabled={!text}> // [2]
        Add
      </button>
    </div>
  );
};
```

NewTodo의 동작 개선과 관련해서 언급해야 할 두 가지 사항이 있다.

- 버튼을 클릭하면 텍스트 상자가 지워진다. [1]

- 텍스트 상자가 비어 있으면 버튼을 비활성화한다. [2]

마지막으로 Todo 애플리케이션을 완성하기 위해 다음과 같이 App 컴포넌트를 정의한다.

```
const App = () => (
  <>
    <TodoList />
    <NewTodo />
  </>
);
```

이 앱을 실행하면 처음에는 텍스트 상자만 표시되고 [Add] 버튼이 비활성화된다.

그림 7.2 실행 중인 애플리케이션의 첫 번째 화면

텍스트를 입력하고 [Add] 버튼을 클릭하면 다음과 같은 항목이 나타난다.

그림 7.3 실행 중인 애플리케이션의 두 번째 화면

체크박스를 클릭하면 할일 항목이 done 상태로 전환된다.

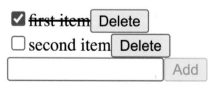

그림 7.4 실행 중인 애플리케이션의 세 번째 화면

화면에서 [Delete] 버튼을 클릭하면 해당 항목이 삭제된다.

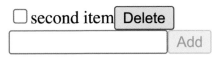

그림 7.5 실행 중인 애플리케이션의 네 번째 화면

원하는 만큼 항목을 추가할 수 있다. 이 모든 기능은 이 절에서 설명한 코드로 구현된다. store 의 불변 상태 갱신과 리액트가 제공하는 memo 함수 덕분에 리렌더링을 최적화할 수 있었다.

이번 절에서는 일반적인 Todo 애플리케이션 예제를 통해 배열을 처리하는 방법을 배웠다. 다음으로 이 라이브러리의 장단점과 일반적인 접근 방식에 대해 알아본다.

이 접근 방식과 라이브러리의 장단점

이번 접근 방식을 구현하기 위해 Zustand 또는 다른 라이브러리를 사용할 때의 장단점을 알아보자.

간단히 요약하자면 Zustand의 읽기 및 쓰기 상태는 다음과 같다.

- **읽기 상태**: 리렌더링을 최적화하기 위해 선택자 함수를 사용한다.
- **쓰기 상태**: 불변 상태 모델을 기반으로 한다.

핵심은 리액트가 최적화를 위해 객체 불변성을 기반으로 한다는 점이다. 한 가지 예로 useState를 들 수 있다. 리액트는 불변성에 기반한 객체 참조 동등성으로 리렌더링을 최적화한다. 다음 예제를 통해 이러한 동작 방식을 살펴보자.

```
const countObj = { value: 0 };

const Component = () => {
  const [count, setCount] = useState(countObj);
  const handleClick = () => {
    setCount(countObj);
```

```
  };
  useEffect(() => {
    console.log("component updated");
  });
  return (
    <>
      {count.value}
      <button onClick={handleClick}>Update</button>
    </>
  );
};
```

여기서는 Update 버튼을 클릭해도 "component updated"라는 메시지가 표시되지 않는다. 객체 참조가 동일하다면 리액트는 countObj 값이 변경되지 않는다고 추측하기 때문이다. 다음과 같이 handleClick 함수를 변경하더라도 아무런 변화가 없다는 의미다.

```
const handleClick = () => {
  countObj.value += 1;
  setCount(countObj);
};
```

handleClick 함수를 호출하면 countObj 값은 변경되지만 countObj 객체는 변경되지 않기 때문에 리액트는 변경되지 않았다고 추측한다. 이것이 바로 리액트가 불변성을 기반으로 최적화한다는 의미다. 이와 동일한 동작은 memo나 useMemo와 같은 함수에서도 볼 수 있다.

Zustand 상태 모델은 이러한 객체 불변성 규칙과 완전히 일치한다. 선택자 함수를 사용한 Zustand의 렌더링 최적화 역시 불변성을 기반으로 한다. 즉, 선택자 함수가 참조적으로 동일한 객체(또는 값)를 반환하면 객체가 변경되지 않은 것으로 간주하고 리렌더링을 하지 않는 것이다.

Zustand는 리액트와 동일한 모델을 사용해 라이브러리의 단순성과 번들 크기가 작다는 점에서 큰 이점이 있다.

반면, Zustand의 한계는 선택자를 이용한 수동 렌더링 최적화다. 객체 참조 동등성을 이해해야 하며, 선택자 코드를 위해 보일러플레이트 코드를 많이 작성해야 할 필요가 있다.

요약하면, Zustand 또는 이러한 방식으로 구현된 다른 라이브러리는 리액트 원칙에서 간단한 기능을 추가한 것이다. 작은 번들 크기를 가진 라이브러리가 필요하거나 참조 동등성 및 메모이제이션에 익숙하거나 수동 렌더링 최적화를 선호하는 경우에는 Zustand 라이브러리를 추천한다.

정리

이번 장에서는 Zustand 라이브러리에 대해 알아봤다. 이 라이브러리는 리액트에서 모듈 상태를 사용하는 작은 라이브러리다. 라이브러리의 사용법을 파악하기 위해 카운터 예제와 할일 관리 예제를 살펴봤다. 우리는 일반적으로 이 라이브러리를 사용해 객체 참조 동등성을 이해한다. 요구사항과 이번 장에서 배운 내용에 따라 이 라이브러리 또는 유사한 접근 방식을 선택할 수 있다.

이번 장에서는 store 생성자에 일부 기능을 제공할 수 있는 미들웨어와 리액트 생명 주기에서 store를 생성하는 비모듈 상태 사용 등 Zustand의 다른 몇 가지 기능에 대해서는 다루지는 않았다. 이는 라이브러리를 선택할 때 고려해야 할 또 다른 사항이 될 수 있다. 더 자세한 최신 정보는 항상 공식 라이브러리 문서를 참고하는 것이 좋다.

다음 장에서는 다른 라이브러리인 Jotai에 대해 알아보겠다.

08

사용 사례
시나리오 2: Jotai

Jotai[1]는 전역 상태를 위한 작은 라이브러리다. useState, useReducer와 함께 상태의 작은 조각인 아톰[2]이라고 불리는 것을 모델로 삼는다. Zustand와 달리 Jotai는 컴포넌트 상태를 사용하며, Zustand와 마찬가지로 불변 상태 모델이다. 이 구현은 5장 '컨텍스트와 구독을 이용한 컴포넌트 상태 공유'에서 배운 컨텍스트 및 구독 패턴을 기반으로 한다.

이번 장에서는 Jotai 라이브러리의 기본 사용법과 리렌더링을 최적화하는 방법을 알아본다. 아톰을 사용하면 라이브러리가 의존성을 추적하고 의존성에 따라 리렌더링을 감지할 수 있다. Jotai는 내부적으로 컨텍스트를 사용하고 아톰 자체는 값을 가지지 않기 때문에 모듈 상태와 달리 한번 정의한 아톰을 재사용할 수 있다. 또한 배열 구조로 리렌더링을 최적화하는 기법인 **Atoms-in-Atom**이라 부르는 패턴에 대해서도 살펴본다.

이번 장에서 다룰 주제는 다음과 같다.

- Jotai 이해하기

- 렌더링 최적화

- Jotai가 아톰 값을 저장하는 방식 이해하기

---

1   https://github.com/pmndrs/jotai
2   (옮긴이) 원자라고도 한다. 최소 단위기 때문에 원자라고 표현하지만 이 책에서는 고유 명사로 '아톰'으로 표기한다.

- 배열 구조 추가하기

- Jotai의 다양한 기능 사용하기

기술 요구사항

리액트와 리액트 훅에 대한 적절한 지식이 필요하다. 자세한 내용은 공식 사이트(`https://reactjs.org`)를 참고한다.

이번 장의 코드 일부는 타입스크립트(`https://www.typescriptlang.org`)를 사용하므로 이에 대한 기본 지식이 필요하다.

이번 장의 코드는 다음 깃허브 저장소에서 확인할 수 있다.

- `https://github.com/wikibook/msmrh/tree/main/chapter08`

이번 장의 코드를 실행하려면 Create React App(`https://create-react-app.dev`) 또는 CodeSandbox(`https://codesandbox.io`) 같은 리액트를 실행할 수 있는 환경이 필요하다.

Jotai 이해하기

Jotai의 API를 이해하기 위해 간단한 카운터 예제와 컨텍스트를 이용한 해결책을 다시 살펴보자.

다음은 두 개의 개별적인 카운터가 있는 예제다.

```
const Counter1 = () => {
  const [count, setCount] = useState(0); // [1]
  const inc = () => setCount((c) => c + 1);
  return <>{count} <button onClick={inc}>+1</button></>;
};

const Counter2 = () => {
```

```
  const [count, setCount] = useState(0);
  const inc = () => setCount((c) => c + 1);
  return <>{count} <button onClick={inc}>+1</button></>;
};

const App = () => (
  <>
    <div><Counter1 /></div>
    <div><Counter2 /></div>
  </>
);
```

Counter1 컴포넌트와 Counter2 컴포넌트에는 고유한 지역 상태가 있기 때문에 컴포넌트에서 보여주는 숫자는 서로 격리돼 있다.

두 컴포넌트가 하나의 카운트 상태를 공유하게 하려면 2장 '지역 상태와 전역 상태 사용하기'의 '지역 상태를 효과적으로 사용하는 방법' 절에서 설명한 것처럼 상태를 상위 컴포넌트로 끌어올리고 컨텍스트를 사용해 전달할 수 있다. 이제 컨텍스트로 해결하는 예제를 살펴보자.

먼저 다음과 같이 카운트 상태를 저장할 Context를 생성하자.

```
const CountContext = createContext();

const CountProvider = ({ children }) => (
  <CountContext.Provider value={useState(0)}>
    {children}
  </CountContext.Provider>
);
```

Context 값이 이전 예제에서 사용한 것과 동일한 상태인 useState(0)인 것을 알 수 있다. ([1]로 표시한 항목 참고)

다음 예제는 useState(0)을 useContext(CountContext)로 대체해서 수정한 컴포넌트다.

```
const Counter1 = () => {
  const [count, setCount] = useContext(CountContext);
```

```
  const inc = () => setCount((c) => c + 1);
  return <>{count} <button onClick={inc}>+1</button></>;
};

const Counter2 = () => {
  const [count, setCount] = useContext(CountContext);
  const inc = () => setCount((c) => c + 1);
  return <>{count} <button onClick={inc}>+1</button></>;
};
```

마지막으로 이러한 컴포넌트를 다음과 같이 CountProvider로 감싼다.

```
const App = () => (
  <CountProvider>
    <div><Counter1 /></div>
    <div><Counter2 /></div>
  </CountProvider>
);
```

이렇게 하면 카운트 상태를 공유할 수 있고, Counter1 컴포넌트와 Counter2 컴포넌트에서 두 개의 count 숫자가 동시에 증가하는 모습을 볼 수 있다.

이제 컨텍스트와 비교했을 때 Jotai가 어떤 도움이 되는지 살펴보자. Jotai를 사용하면 다음과 같은 두 가지 이점이 있다.

- 구문 단순성
- 동적 아톰 생성

첫 번째 이점인 구문 단순성에 Jotai가 어떻게 도움이 되는지 먼저 살펴보자.

구문 단순성

구문의 간소화를 이해하기 위해 Jotai를 사용해 동일한 카운터 예제를 만들어 보자. 먼저 다음과 같이 Jotai 라이브러리에서 몇 가지 함수를 가져와야 한다.

```
import { atom, useAtom } from "jotai";
```

atom 함수와 useAtom 혹은 Jotai에서 제공하는 기본 함수다.

아톰은 하나의 상태를 나타낸다. 아톰은 일반적으로 작은 상태 조각이면서 리렌더링을 감지하는 최소 단위다. atom 함수는 아톰 정의를 생성한다. atom 함수는 useState와 마찬가지로 초깃값을 지정하는 인수 하나를 받는다. 다음 코드처럼 새 아톰을 만들 때 사용된다.

```
const countAtom = atom(0);
```

useState(0)와 비슷하다는 것을 알 수 있다.

이제 카운터 컴포넌트에 아톰을 사용해 보자. 다음과 같이 useState(0) 대신 useAtom(countAtom)을 사용한다.

```
const Counter1 = () => {
  const [count, setCount] = useAtom(countAtom);
  const inc = () => setCount((c) => c + 1);
  return <>{count} <button onClick={inc}>+1</button></>;
}

const Counter2 = () => {
  const [count, setCount] = useAtom(countAtom);
  const inc = () => setCount((c) => c + 1);
  return <>{count} <button onClick={inc}>+1</button></>;
};
```

useAtom(countAtom)은 useState(0)과 같은 튜플인 [count, setCount]를 반환하기 때문에 나머지 코드는 변경할 필요가 없다.

마지막으로 App 컴포넌트는 이번 장의 첫 번째 예제와 동일하며 다음 코드처럼 컨텍스트를 사용하지 않는다.

```
const App = () => (
  <>
```

```
    <div><Counter1 /></div>
    <div><Counter2 /></div>
  </>
);
```

이번 장의 두 번째 예제인 컨텍스트를 사용한 예제와 다르게 아톰을 사용할 때는 공급자가 필요하지 않다. 이것은 5장 '리액트 컨텍스트와 구독을 이용한 컴포넌트 상태 공유'의 '컨텍스트와 구독 패턴 사용하기' 절에서 다룬 것처럼 컨텍스트의 '기본 스토어'로 인해 가능하다. 서로 다른 하위 트리에 대해 각각 다른 값을 제공해야 하는 경우 공급자를 선택적으로 사용하면 된다.

Jotai의 구문 단순성을 더 잘 이해하기 위해 다른 전역 상태인 **text**를 추가한 코드를 살펴보자.

```
const TextContext = createContext();

const TextProvider = ({ children }) => (
  <TextContext.Provider value={useState("")}>
    {children}
  </TextContext.Provider>
);

const App = () => (
  <TextProvider>
    ...
  </TextProvider>
);
```

컴포넌트에서는 다음과 같이 사용한다.

```
const [text, setText] = useContext(TextContext);
```

이것도 나쁘지 않은 방법이다. 우리가 추가한 것은 컨텍스트와 공급자뿐이며, **App**을 **Provider** 컴포넌트로 감쌌다. 3장 '리액트 컨텍스트를 이용한 컴포넌트 상태 공유'의 '컨텍스트 사용을 위한 모범 사례' 절에서 배운 것처럼 공급자 중첩을 피할 수도 있다.

그러나 다음과 같이 Jotai 아톰으로 같은 동작을 하는 예제를 만들 수 있다.

```
const textAtom = atom("");

// 컴포넌트에서는 다음과 같이 사용한다.
const [text, setText] = useAtom(textAtom);
```

훨씬 더 간단하다. 기본적으로 한 줄의 아톰 정의만 추가하면 된다. 아톰이 더 많아지더라도 Jotai에서 각 아톰에 대한 코드를 한 줄만 추가하면 된다. 반면에 컨텍스트를 사용하려면 각 상태마다 컨텍스트를 만들어야 한다. 컨텍스트를 사용하면 이 작업을 수행할 수 있지만 간단하지는 않다. Jotai의 문법은 훨씬 더 단순하다. 이것이 Jotai의 첫 번째 이점이다.

구문 단순성은 훌륭하지만 새로운 기능을 제공하는 것은 아니다. 두 번째 이점을 간단히 살펴보자.

동적 아톰 생성

Jotai의 두 번째 이점은 새로운 기능인 동적 아톰 생성 기능이다. 아톰은 리액트 컴포넌트 생명주기에서 생성되거나 소멸될 수 있다. 다중 컨텍스트 접근 방식에서는 새로운 상태를 추가한다는 것은 새로운 Provider 컴포넌트를 추가한다는 것을 의미하기 때문에 리액트 컴포넌트 생명주기에서 생성되거나 소멸되는 것이 불가능하다. 새로운 컴포넌트를 추가하면 모든 하위 컴포넌트가 다시 마운트되어 해당 상태들이 버려진다. '배열 구조 추가하기' 절에서 동적 아톰 생성을 사용하는 사례에 대해 다루겠다.

Jotai의 구현은 5장 '리액트 컨텍스트와 구독을 이용한 컴포넌트 상태 공유'에서 배운 내용을 기반으로 한다. Jotai의 스토어는 기본적으로 아톰 구성 객체와 아톰 값으로 구성된 WeakMap 객체[3]다. **아톰 구성 객체(atom config object)**는 atom 함수로 생성된다. **아톰 값(atom value)**은 useAtom 훅이 반환하는 값이다. Jotai의 구독은 아톰 기반이므로 useAtom 훅이 store에 있는 특정 아톰을 구독한다는 것을 의미한다. 아톰 기반 구독은 불필요한 리렌더링을 피할 수 있는 기능을 제공한다. 이에 대해서는 다음 절에서 자세히 설명하겠다.

이번 절에서는 Jotai 라이브러리의 기본 개념과 API에 대해 설명했다. 다음 절에서는 아톰 모델이 렌더링 최적화를 수행하는 방법을 자세히 알아본다.

---

3 https://developer.mozilla.org/en-US/docs/Web/JavaScript/Reference/GlobalObjects/WeakMap

렌더링 최적화

선택자 기반 렌더링 최적화에 대해 다시 정리해 보자. 먼저 4장 '구독을 이용한 모듈 상태 공유'
의 예제를 가져와 createStore와 useStoreSelector를 생성하는 것으로 시작하자.

createStore로 사람에 대한 store를 새롭게 생성해 보자. 다음과 같이 firstName, lastName,
age라는 세 가지 속성을 정의한다.

```
const personStore = createStore({
  firstName: "React",
  lastName: "Hooks",
  age: 3,
});
```

여기서 firstName과 lastName을 보여주는 컴포넌트를 만들고 싶다고 가정해 보자. 한 가지 간
단한 방법은 해당 속성을 선택하는 것이다. 다음은 useStoreSelector를 사용한 예제다.

```
const selectFirstName = (state) => state.firstName;
const selectLastName = (state) => state.lastName;

const PersonComponent = () => {
  const firstName = useStoreSelector(store, selectFirstName);
  const lastName = useStoreSelector(store, selectLastName);
  return <>{firstName} {lastName}</>;
};
```

store에서 두 개의 속성만 선택했기 때문에 선택되지 않은 속성인 age가 변경되면
PersonComponent는 리렌더링되지 않는다.

이러한 store와 선택자 접근 방식을 **하향식(top-down)** 접근법이라고 한다. 모든 것을 저장
하는 store를 생성하고 필요에 따라 store에서 상태를 선택한다.

같은 예제에서 Jotai 아톰은 어떤 모습일까? 먼저 다음과 같이 아톰을 정의해 보자.

```
const firstNameAtom = atom("React");
const lastNameAtom = atom("Hooks");
const ageAtom = atom(3);
```

아톰은 리렌더링을 감지하는 단위다. 아톰을 원시 값처럼 원하는 만큼 작게 만들어서 리렌더링을 제어할 수 있다. 하지만 아톰도 객체가 될 수 있다.

다음과 같이 PersonComponent는 useAtom 훅으로 구현할 수 있다.

```
const PersonComponent = () => {
  const [firstName] = useAtom(firstNameAtom);
  const [lastName] = useAtom(lastNameAtom);
  return <>{firstName} {lastName}</>;
};
```

PersonComponent는 ageAtom과 관련이 없으므로 ageAtom의 값이 변경되더라도 리렌더링되지 않는다.

아톰은 원시 타입만큼 작게 만드는 것이 가능하지만, 이는 조작해야 할 아톰이 너무 많을 수 있다는 것을 의미한다. Jotai에는 기존 아톰에서 또 다른 아톰을 만들 수 있는 파생 아톰이라는 개념이 있다. 이름, 성, 나이를 포함하는 personAtom을 만들어 보자. read 함수를 받아 파생된 값을 생성하는 atom 함수를 사용할 수 있다. 다음 코드를 보자.

```
const personAtom = atom((get) => ({
  firstName: get(firstNameAtom),
  lastName: get(lastNameAtom),
  age: get(ageAtom),
}));
```

read 함수[4]는 다른 아톰을 참조하고 그 값을 가져올 수 있는 get이라는 인수를 받는다. personAtom의 값은 firstName, lastName, age라는 세 가지 속성을 가진 객체다. 이 값은 속성 중 하나가 변경될 때마다 갱신된다. 즉, firstNameAtom, lastNameAtom, ageAtom이 변경될 때

---

4 (옮긴이) atom 함수의 첫 번째 인수로 들어가는 함수를 말한다.

마다 갱신된다. 이것을 의존성 추적(dependency tracking)이라고 하며 Jotai 라이브러리에서 자동으로 수행한다.

> **중요 메모**
>
> 의존성 추적은 동적이며 조건부 평가에서도 작동한다. 예를 들어, read 함수가 (get) => get(a) ? get(b) : get(c)라고 가정해 보자. 이 경우 a 값이 참이면 의존성은 a와 b이고, a 값이 거짓이면 의존성은 a와 c다.

personAtom을 사용하면 다음과 같이 PersonComponent를 구현할 수 있다.

```
const PersonComponent = () => {
  const person = useAtom(personAtom);
  return <>{person.firstName} {person.lastName}</>;
};
```

그렇지만 이 코드는 예상과는 다르게 동작한다. ageAtom의 값이 변경되면 리렌더링되므로 불필요한 리렌더링이 발생한다.

리렌더링을 피하려면 사용하는 값만 포함하는 파생 아톰을 만들어야 한다. 이번에는 fullNameAtom이라는 또 다른 아톰을 만들어 보자.

```
const fullNameAtom = atom((get) => ({
  firstName: get(firstNameAtom),
  lastName: get(lastNameAtom),
}));
```

fullNameAtom을 사용하면 다음과 같이 PersonComponent를 다시 구현할 수 있다.

```
const PersonComponent = () => {
  const person = useAtom(fullNameAtom);
  return <>{person.firstName} {person.lastName}</>;
};
```

fullNameAtom 덕분에 ageAtom 값이 변경돼도 리렌더링되지 않는다.

이를 **상향식(bottom-up)** 접근법이라고 한다. 작은 아톰을 만들고 이를 결합해 더 큰 아톰을 만든다. 컴포넌트에 사용될 아톰만 추가해서 리렌더링을 최적화할 수 있다. 자동으로 최적화하지는 않지만 아톰 모델을 사용하면 간단하게 할 수 있다.

스토어와 선택자 접근 방식으로 마지막 예제를 만든다면 어떨까? 다음은 identity 선택자를 사용한 예제다.

```
const identity = (x) => x;

const PersonComponent = () => {
  const person = useStoreSelector(store, identity);
  return <>{person.firstName} {person.lastName}</>;
};
```

예상대로 리렌더링이 발생한다. **store**의 **age** 속성이 변경되면 컴포넌트가 리렌더링된다.

가능한 방법은 firstName과 lastName만 선택하는 것이다. 다음 예제를 보자.

```
const selectFullName = (state) => ({
  firstName: state.firstName,
  lastName: state.lastName,
});

const PersonComponent = () => {
  const person = useStoreSelector(store, selectFullName);
  return <>{person.firstName} {person.lastName}</>;
};
```

아쉽게도 이것은 원하는 대로 동작하지 않는다. age가 변경되면 selectFullName 함수가 다시 평가되고 동일한 속성 값을 가진 새로운 객체를 반환한다. useStoreSelector는 새로운 객체가 새 값을 포함될 수 있다고 가정하고 리렌더링을 유발한다. 이것은 선택자 접근 방식에서 잘 알려진 문제이며, 일반적인 해결책은 사용자가 직접 동등 함수를 만들거나 메모이제이션을 사용하는 것이다.

아톰 모델의 장점은 아톰의 구성이 컴포넌트에 표시되는 것과 쉽게 연관 지을 수 있다는 점이다. 따라서 리렌더링 제어가 간단하다. 아톰을 이용한 렌더링 최적화에는 사용자 정의 동등 함수나 메모이제이션이 필요하지 않다.

파생 아톰에 대해 자세히 알아보기 위해 카운터 예제를 살펴보자. 먼저 다음과 같이 두 개의 count 아톰을 정의한다.

```
const count1Atom = atom(0);
const count2Atom = atom(0);
```

이어서 count 아톰을 사용하는 컴포넌트를 정의한다. 두 개의 카운터 컴포넌트를 정의하는 대신에 두 아톰을 모두 받을 수 있는 하나의 Counter 컴포넌트를 정의한다. 이를 위해 컴포넌트는 다음과 같이 props에서 countAtom을 받는다.

```
const Counter = ({ countAtom }) => {
  const [count, setCount] = useAtom(countAtom);
  const inc = () => setCount((c) => c + 1);
  return <>{count} <button onClick={inc}>+1</button></>;
};
```

이렇게 하면 countAtom 구성과 유사한 모든 아톰에 대해 재사용할 수 있다. 새로운 count3Atom을 정의하더라도 새로운 컴포넌트를 정의할 필요가 없다.

다음으로 두 카운트의 합계를 계산하는 파생 아톰을 정의해 보자. 다음과 같이 read 함수를 첫 번째 인수로 받는 atom을 사용한다.

```
const totalAtom = atom(
  (get) => get(count1Atom) + get(count2Atom)
);
```

read 함수를 사용하면 아톰에서 파생된 atom을 생성한다. 파생 아톰의 값은 read 함수의 결과다. 파생 아톰은 의존성이 변경될 때만 read 함수를 재평가하고 그 값을 갱신한다. 이 경우 count1Atom 또는 count2Atom 중 하나가 변경된다.

Total 컴포넌트는 다음과 같이 totalAtom을 사용해 total을 표시하는 컴포넌트다.

```
const Total = () => {
  const [total] = useAtom(totalAtom);
  return <>{total}</>;
};
```

totalAtom은 파생 아톰이며 그 값은 read 함수의 결과이므로 읽기 전용이다. 따라서 totalAtom 값을 설정한다는 개념은 없다.

마지막으로 App 컴포넌트를 정의한다. 다음과 같이 count1Atom과 count2Atom을 Counter 컴포넌트로 전달한다.

```
const App = () => (
  <>
    (<Counter countAtom={count1Atom} />)
    +
    (<Counter countAtom={count2Atom} />)
    =
    <Total />
  </>
);
```

이 예제의 Counter 아톰처럼 아톰을 props로 전달할 수도 있고, 모듈 수준의 상수나 컨텍스트, 또는 다른 아톰의 값 등 여러 가지 방법으로 전달할 수도 있다. '배열 구조 추가하기' 절에서 아톰을 다른 아톰에 넣는 경우를 알아보겠다.

애플리케이션을 실행하면 첫 번째 카운트, 두 번째 카운트, 합계에 대한 식이 표시된다. 카운트 바로 뒤에 표시된 버튼을 클릭하면 다음 그림과 같이 합계와 함께 카운트가 증가하는 것을 볼 수 있다.

$$(2 \boxed{+1}) + (3 \boxed{+1}) = 5$$

그림 8.1 카운터 애플리케이션의 화면

이번 절에서는 Jotai 라이브러리의 아톰 모델과 렌더링 최적화에 대해 배웠다. 이어서 Jotai가 아톰 값을 저장하는 방법을 알아본다.

Jotai가 아톰 값을 저장하는 방식 이해하기

지금까지는 Jotai가 컨텍스트를 사용하는 방법에 대해 설명하지 않았다. 이번 절에서는 Jotai가 아톰 값을 저장하는 방법과 아톰을 재사용하는 방법을 알아본다.

먼저 간단한 아톰인 countAtom을 다시 살펴보자. atom은 초깃값 0을 가지고 다음과 같이 아톰 구성을 반환한다.

```
const countAtom = atom(0);
```

구현 측면에서 보면 countAtom은 아톰 동작을 나타내는 몇 가지 속성을 가진 객체다. 이 경우 countAtom은 값 또는 갱신 함수로 변경할 수 있는 값을 가진 원시 아톰이다. 원시 아톰은 useState처럼 동작하도록 설계됐다.

중요한 것은 countAtom과 같은 아톰 구성이 직접 해당 값을 가지지 않는다는 것이다. 아톰 값을 저장하는 store가 따로 있다. store에는 키가 아톰 구성 객체이고 값이 아톰 값인 WeakMap 객체가 있다.

useAtom을 사용하면 기본적으로 모듈 수준에서 정의된 기본 store를 사용한다. 하지만 Jotai는 Provider라는 컴포넌트를 제공하며, 컴포넌트 레벨에서 store를 생성하는 것도 가능하다. 다음과 같이 Jotai 라이브러리에서 atom 및 useAtom과 함께 Provider를 가져올 수 있다.

```
import { atom, useAtom, Provider } from "jotai";
```

Counter 컴포넌트가 다음과 같이 정의돼 있다고 가정해 보자.

```
const Counter = ({ countAtom }) => {
  const [count, setCount] = useAtom(countAtom);
  const inc = () => setCount((c) => c + 1);
  return <>{count} <button onClick={inc}>+1</button></>;
};
```

이 컴포넌트는 'Jotai 이해하기' 절과 '렌더링 최적화' 절에서 정의한 것과 동일한 컴포넌트다.

다음으로 Provider를 사용해 App 컴포넌트를 정의한다. 두 개의 Provider 컴포넌트를 사용하고 각 Provider 컴포넌트에 대해 다음과 같이 두 개의 Counter 컴포넌트를 넣는다.

```
const App = () => (
  <>
    <Provider>
      <h1>First Provider</h1>
      <div><Counter /></div>
      <div><Counter /></div>
    </Provider>
    <Provider>
      <h1>Second Provider</h1>
      <div><Counter /></div>
      <div><Counter /></div>
    </Provider>
  </>
);
```

App의 두 Provider 컴포넌트는 서로 다른 스토어를 사용한다. 따라서 Counter 컴포넌트에 사용된 countAtom은 서로 다르다. 첫 번째 Provider 컴포넌트 아래의 두 Counter 컴포넌트는 countAtom 값을 공유하지만, 두 번째 Provider 컴포넌트 아래의 다른 두 Counter 컴포넌트는 다음과 같이 첫 번째 Provider 컴포넌트의 값과 다른 countAtom 값을 가진다.

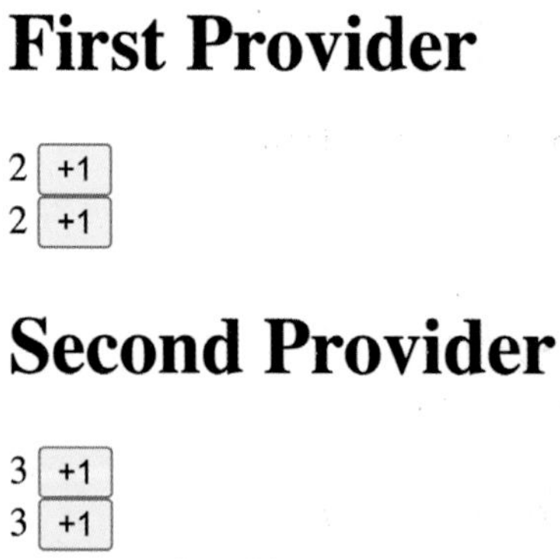

First Provider

2 [+1]
2 [+1]

Second Provider

3 [+1]
3 [+1]

그림 8.2 두 공급자 애플리케이션의 화면

여기서 중요한 것은 countAtom 자체가 값을 갖고 있지 않다는 것이다. 따라서 countAtom은 여러 Provider 컴포넌트에 재사용할 수 있다. 이것이 모듈 상태와 다른 주목할 만한 차이점이다.

Jotai에서는 파생 아톰을 만들 수 있다. 다음 코드를 보면 countAtom의 두 배가 되는 수를 나타내는 파생 아톰을 만들 수 있다.

```
const doubledCountAtom = atom(
  (get) => get(countAtom) * 2
);
```

countAtom에 값이 없다면 doubledCountAtom도 마찬가지로 값이 없다. 첫 번째 Provider 컴포넌트에서 doubledCountAtom을 사용한다면 Provider 컴포넌트에 있는 countAtom 값이 두 배가 된 값을 나타낸다. 두 번째 Provider 컴포넌트에도 똑같이 작동하며, 첫 번째 Provider 컴포넌트의 값과 두 번째 Provider 컴포넌트의 값은 다를 수 있다.

아톰 구성은 값을 가지지 않는 정의일 뿐이므로 재사용할 수 있다. 앞의 예제에서는 두 개의 Provider 컴포넌트에 재사용할 수 있다는 것을 보여줬지만 본질적으로 더 많은 Provider 컴포넌트에서 재사용하는 것이 가능하다. 또한 Provider 컴포넌트는 리액트 컴포넌트 생명 주기에서 동적으로 사용될 수 있다. 구현 측면에서 Jotai는 컨텍스트에 기반하기에 컨텍스트가 할 수 있는 모든 것을 Jotai가 할 수 있다. 이번 절에서는 아톰 구성이 값을 가지지 않으므로 재사용 가능하다는 것을 알아봤다. 다음 절에서는 Jotai로 배열을 처리하는 방법을 알아보자.

배열 구조 추가하기

배열 구조는 리액트에서 다루기가 무척 까다롭다. 리액트에서는 배열 구조로 이뤄진 컴포넌트를 렌더링할 때 key 속성을 전달해야 한다. 이는 배열 내 요소를 제거하거나 순서를 변경할 때 특히 필요하다.

이번 절에서 Jotai에서 배열 구조를 처리하는 방법을 알아보자. 전통적인 접근 방식부터 시작해서 '아톰 속 아톰들(Atoms-in-Atom)'이라고 부르는 새로운 패턴을 살펴보겠다.

7장 '사용 사례 시나리오 1: Zustand'의 '구조화된 데이터 처리' 절에서 사용한 것과 동일한 Todo 애플리케이션 예제를 사용하겠다.

먼저 Todo 타입을 정의한다. 다음 코드와 같이 id 문자열, title 문자열 및 done 부울 속성이 있다.

```
type Todo = {
  id: string;
  title: string;
  done: boolean;
};
```

다음으로, 위와 같이 정의된 Todo 항목의 배열을 나타내는 todosAtom을 다음과 같이 정의한다.

```
const todosAtom = atom<Todo[]>([]);
```

atom() 함수에 Todo[] 타입임을 알린다. 그런 다음 TodoItem 컴포넌트를 만들 것이다. 이 컴포넌트는 todo, removeTodo, toggleTodo를 props로 받는 순수한 컴포넌트다. 코드를 보자.

```
const TodoItem = ({
  todo,
  removeTodo,
  toggleTodo,
}: {
  todo: Todo;
  removeTodo: (id: string) => void;
  toggleTodo: (id: string) => void;
}) => {
  return (
    <div>
      <input
        type="checkbox"
        checked={todo.done}
        onChange={() => toggleTodo(todo.id)}
      />
```

```
      <span
        style={{
          textDecoration:
            todo.done ? "line-through" : "none",
        }}
      >
        {todo.title}
      </span>
      <button
        onClick={() => removeTodo(todo.id)}
      >Delete</button>
    </div>
  );
};
```

<input>의 onChange 콜백은 toggleTodo를 호출하고, <button>의 onClick 콜백은 removeTodo 를 호출한다. 둘 다 id 문자열을 기반으로 한다.

다음과 같이 TodoItem을 memo로 감싸서 메모이제이션하자.

```
const MemoedTodoItem = memo(TodoItem);
```

이렇게 하면 todo, removeTodo, toggleTodo를 변경하는 것이 아니라면 리렌더링되지 않아도 된다.

이제 TodoList 컴포넌트를 만들 준비가 끝났다. 이 컴포넌트는 todosAtom을 사용하고 useCallback으로 removeTodo 및 toggleTodo를 정의해서 다음과 같이 배열의 todo를 조작 한다.

```
const TodoList = () => {
  const [todos, setTodos] = useAtom(todosAtom);

  const removeTodo = useCallback((id: string) => setTodos(
    (prev) => prev.filter((item) => item.id !== id)
  ), [setTodos]);
```

```
    const toggleTodo = useCallback((id: string) => setTodos(
      (prev) => prev.map((item) =>
        item.id === id ? { ...item, done: !item.done } : item
      )
    ), [setTodos]);

    return (
      <div>
        {todos.map((todo) => (
          <MemoedTodoItem
            key={todo.id}
            todo={todo}
            removeTodo={removeTodo}
            toggleTodo={toggleTodo}
          />
        ))}
      </div>
    );
  };
```

TodoList 컴포넌트는 todos 배열의 각 요소를 통해 MemoedTodoItem 컴포넌트를 렌더링한다. key 속성은 todo.id 로 지정된다.

다음으로 NewTodo 컴포넌트를 만들어 보겠다. 이 컴포넌트는 todosAtom을 사용해 버튼 클릭 시 새로운 요소를 추가한다. 새 아톰의 id 값은 고유해야 하기 때문에 다음 예제에서는 nanoid[5]를 사용하겠다.

```
  const NewTodo = () => {
    const [, setTodos] = useAtom(todosAtom);
    const [text, setText] = useState("");
    const onClick = () => {
      setTodos((prev) => [
        ...prev,
```

---

5 https://www.npmjs.com/package/nanoid

```
        { id: nanoid(), title: text, done: false },
      ]);
      setText("");
    };
    return (
      <div>
        <input
          value={text}
          onChange={(e) => setText(e.target.value)}
        />
        <button onClick={onClick} disabled={!text}>
          Add
        </button>
      </div>
    );
  };
```

간단하게 만들기 위해 todosAtom에 useAtom을 사용했다. 하지만 이렇게 구현하면 todosAtom 값이 변경될 때 NewTodo 컴포넌트가 리렌더링된다. 이러한 경우 useUpdateAtom이라는 유틸리티 훅을 사용하면 이 문제를 쉽게 해결할 수 있다.

마지막으로 다음과 같이 TodoList와 NewTodo를 렌더링하는 App 컴포넌트를 만들어 보자.

```
const App = () => (
  <>
    <TodoList />
    <NewTodo />
  </>
);
```

완벽하게 동작한다. 다음과 같이 아무런 문제 없이 할일 목록을 추가, 제거, 변경할 수 있다.

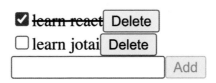

그림 8.3 Todo 애플리케이션의 화면

하지만 개발자 입장에서는 우려되는 점이 두 가지 있다.

- 첫 번째 문제는 단일 요소를 변경하기 위해 todos 배열 전체를 갱신해야 한다는 점이다. toggleTodo 함수에서는 모든 요소를 순회하며 하나의 요소만 변경한다. 아톰 모델에서 하나의 요소를 간단히 변경할 수 있으면 좋을 것이다. 이는 성능과도 관련이 있다. todos 배열의 요소가 변경되면 todos 배열 자체가 변경되므로 TodoList가 리렌더링된다. MemoedTodoItem 덕분에 특정 요소가 변경되지 않는 한 MemoedTodoItem 컴포넌트는 리렌더링되지 않지만, 이상적으로는 특정 MemoedTodoItem 컴포넌트가 리렌더링되도록 감지하는 것이 좋다.

- 두 번째 문제는 요소의 id 값이다. id 값은 주로 map에서 key로 사용되는데, id를 사용하지 않는 것이 좋다.

Jotai에서는 이 두 가지 문제를 해결하기 위해 아톰 구성을 다른 아톰 값에 넣는 새로운 패턴인 **Atoms-in-Atom**을 제시한다. 이 패턴은 Jotai의 멘탈 모델과 더 일관성이 있다.

이번 절에서는 앞에서 만든 것과 동일한 Todo 애플리케이션을 새로운 패턴으로 어떻게 다시 만들 수 있는지 살펴본다.

다음과 같이 Todo 타입을 정의하는 것으로 시작해 보자.

```
type Todo = {
  title: string;
  done: boolean;
};
```

이번에는 Todo 타입에 id 값이 없다.

그다음, Jotai 라이브러리를 통해 제네릭 타입인 PrimitiveAtom을 사용해 TodoAtom 타입을 생성한다. 다음 코드를 보자.

```
type TodoAtom = PrimitiveAtom<Todo>;
```

이 TodoAtom 타입을 사용해 다음과 같이 todoAtomsAtom 구성을 생성한다.

```
const todoAtomsAtom = atom<TodoAtom[]>([]);
```

이름에서 알 수 있듯이 TodoAtom 배열을 나타내는 atom이라는 것을 명확하게 알 수 있다. **Atoms-in-Atom**이라는 이름은 이 구조에서 따왔다.

다음으로 TodoItem 컴포넌트를 살펴보자. 이 컴포넌트는 todoAtom과 remove props를 받는다. 이 컴포넌트는 useAtom과 함께 todoAtom 아톰을 사용한다.

```
const TodoItem = ({
  todoAtom,
  remove,
}: {
  todoAtom: TodoAtom;
  remove: (todoAtom: TodoAtom) => void;
}) => {
  const [todo, setTodo] = useAtom(todoAtom);
  return (
    <div>
      <input
        type="checkbox"
        checked={todo.done}
        onChange={() => setTodo(
          (prev) => ({ ...prev, done: !prev.done })
        )}
      />
      <span
        style={{
          textDecoration:
            todo.done ? "line-through" : "none",
        }}
      >
        {todo.title}
      </span>
      <button onClick={() => remove(todoAtom)}>
        Delete
      </button>
    </div>
  );
};
```

```
const MemoedTodoItem = memo(TodoItem);
```

TodoItem 컴포넌트의 useAtom 구성 덕분에 onChange 콜백은 매우 간단하며 요소에 대해서만 신경 쓸 수 있다. 배열의 요소라는 사실에 의존하지 않는다.

TodoList 컴포넌트는 주의 깊게 살펴봐야 한다. 이 컴포넌트는 todoAtoms를 값으로 반환하는 todoAtomsAtom을 사용한다. todoAtoms는 todoAtom을 여러 개 가진 배열이다. remove 함수는 아톰 구성인 todoAtom을 가져와 todoAtomsAtom의 todoAtom 배열을 필터링한다. TodoList의 전체 코드는 다음과 같다.

```
const TodoList = () => {
  const [todoAtoms, setTodoAtoms] = useAtom(todoAtomsAtom);
  const remove = useCallback(
    (todoAtom: TodoAtom) => setTodoAtoms(
      (prev) => prev.filter((item) => item !== todoAtom)
    ),
    [setTodoAtoms]
  );
  return (
    <div>
      {todoAtoms.map((todoAtom) => (
        <MemoedTodoItem
          key={`${todoAtom}`}
          todoAtom={todoAtom}
          remove={remove}
        />
      ))}
    </div>
  );
};
```

TodoList는 todoAtoms를 변환해서 각 todoAtom 구성을 통해 MemoedTodoItem을 렌더링한다. map을 사용할 때 key는 문자열로 변환한 todoAtom 구성으로 지정한다. 아톰 구성은 문자열로 평가될 때 **유일한 식별자**(unique identifier; UID)를 반환하므로 이전에 사용한 id 문자열을 관리할 필요가 없다. TodoList 컴포넌트 동작은 이전 예제와 약간 다르다. Atoms-in-Atom을 다루기 때문에 배열 요소 중 하나가 toggleTodo를 통해 갱신되더라도 todoAtomsAtom은 변경되지 않는다. 따라서 자연스럽게 리렌더링을 줄일 수 있다.

NewTodo 컴포넌트는 이전 예제와 거의 동일하다. 한 가지 다른 점은 새로운 요소를 생성할 때 새 아톰 구성을 생성해서 todoAtomsAtom에 추가한다는 것이다. 다음은 NewTodo 컴포넌트의 코드다.

```
const NewTodo = () => {
  const [, setTodoAtoms] = useAtom(todoAtomsAtom);
  const [text, setText] = useState("");
  const onClick = () => {
    setTodoAtoms((prev) => [
      ...prev,
      atom<Todo>({ title: text, done: false }),
    ]);
    setText("");
  };
  return (
    <div>
      <input
        value={text}
        onChange={(e) => setText(e.target.value)}
      />
      <button onClick={onClick} disabled={!text}>
        Add
      </button>
    </div>
  );
};
```

다시 작성한 NewTodo 컴포넌트의 동작은 이전 예제와 동일하다.

마지막으로 애플리케이션을 실행하기 위해 동일한 App 컴포넌트를 만들어 보자.

```
const App = () => (
  <>
    <TodoList />
    <NewTodo />
  </>
)
```

애플리케이션을 실행하면 이전 예제와의 차이점을 확인할 수 있다. 앞서 설명한 것처럼 이 차이점은 개발자를 위한 것이다.

Atoms-in-Atom 패턴을 사용했을 때의 차이점을 다음과 같이 요약할 수 있다.

- 배열 아톰은 아톰이 요소인 배열을 보관하는 데 사용된다.

- 배열에 새로운 요소를 추가하려면 새로운 아톰을 생성해서 추가해야 한다.

- 아톰 구성은 문자열로 평가할 수 있으며 UID를 반환한다.

- 요소를 렌더링하는 컴포넌트는 각 컴포넌트에서 아톰 요소를 사용한다. 이렇게 하면 요소의 값을 쉽게 변경할 수 있고 리렌더링을 자연스럽게 피할 수 있다.

이번 절에서는 배열 구조를 처리하는 방법을 알아봤다. 단순하게 해결하는 방법과 **Atoms-in-Atom**을 사용하는 두 가지 해결책과 그 차이점을 살펴봤다. 다음으로 Jotai 라이브러리가 제공하는 몇 가지 다른 기능에 대해 알아본다.

Jotai의 다양한 기능 사용하기

지금까지 Jotai 라이브러리의 몇 가지 기본적인 기능을 배웠다. 이번 절에서는 몇 가지 기능을 추가로 알아보겠다. 앞으로 다룰 기능은 복잡한 사례를 처리할 경우에 필요하다. 또한 이 책의 범위를 벗어난 몇 가지 고급 기능에 대해서도 간략히 소개한다.

이번 절에서는 다음과 같은 주제를 다룬다.

- 아톰의 write 함수 정의하기

- 액션 아톰 사용하기

- 아톰의 onMount 옵션 이해하기

- jotai/utils 번들 소개

- 라이브러리 사용법 이해하기

- 고급 기능 소개

이제 하나씩 살펴보자.

아톰의 write 함수 정의하기

앞에서 파생 아톰을 만드는 방법을 살펴봤다. 예를 들어, countAtom이 포함된 doubledCount Atom은 'Jotai가 아톰 값을 저장하는 방식 이해하기' 절에서 다음과 같이 구현했다.

```
const countAtom = atom(0);

const doubledCountAtom = atom(
  (get) => get(countAtom) * 2
);
```

countAtom은 다른 아톰에서 파생되지 않았기 때문에 원시 아톰으로 불린다. 원시 아톰은 값을 변경할 수 있는 쓰기 가능한 아톰이다.

doubledCountAtom 아톰은 countAtom에 완전하게 의존하는 값이기 때문에 읽기 전용으로 사용할 수 있는 파생 아톰이다. doubledCountAtom의 값은 쓰기가 가능한 아톰인 countAtom의 값이 변경될 때 함께 변경된다.

쓰기 가능한 파생 아톰을 생성하기 위해 atom 함수는 첫 번째 인수인 read 함수 외에 write 함수에 대한 선택적인 두 번째 인수를 받을 수 있다.

예를 들어, doubledCountAtom을 쓰기가 가능하도록 다시 구현해 보자. 다음과 같이 countAtom의 값을 변경하는 write 함수를 전달한다.

```
const doubledCountAtom = atom(
  (get) => get(countAtom) * 2,
  (get, set, arg) => set(countAtom, arg / 2)
);
```

write 함수는 다음과 같이 세 개의 인수를 받는다

- get은 아톰의 값을 반환하는 함수다.

- set은 아톰의 값을 설정하는 함수다.

- arg는 아톰을 갱신할 때 받을 임의의 값이다. (이 경우에는 doubledCountAtom을 말한다)

write 함수를 사용하면 생성된 아톰을 마치 원시 아톰처럼 사용할 수 있다. 사실 countAtom은 setCount((c) => c + 1)과 같은 갱신 함수를 허용하기 때문에 countAtom과 정확히 동일하지는 않다.

기술적으로 countAtom과 동일하게 작동하는 새로운 아톰을 만들 수 있다. 어떤 경우에 그렇게 할까? 예를 들면, 다음과 같이 로그를 기록하는 기능을 추가할 수 있다.

```
const anotherCountAtom = atom(
  (get) => get(countAtom),
  (get, set, arg) => {
    const nextCount = typeof arg === 'function' ?
      arg(get(countAtom)) : arg
    set(countAtom, nextCount)
    console.log('set count', nextCount)
  }
);
```

anotherCountAtom은 countAtom처럼 작동하며 값을 설정할 때 로그 메시지를 출력한다.

쓰기 가능한 파생 아톰은 일부 복잡한 사례에서 도움이 될 수 있는 강력한 기능이다. 다음 절에서는 write 함수를 사용하는 또 다른 패턴에 대해 살펴보겠다.

액션 아톰 사용하기

상태를 변경하는 코드를 위해 함수 또는 함수 집합을 만드는 경우가 많다. 이러한 목적으로 아톰을 사용할 수 있고 이를 액션 아톰이라고 한다.

액션 아톰을 생성하려면 atom 함수의 두 번째 인수인 write 함수만 사용한다. 첫 번째 인수로는 무엇을 넣어도 상관없지만, 일반적으로 null을 사용하는 경우가 많다.

다음 예제를 보자. 계속 언급했던 countAtom이 있고 액션 아톰인 incrementCountAtom이 있다.

```
const countAtom = count(0);

const incrementCountAtom = atom(
  null,
  (get, set, arg) => set(countAtom, (c) => c + 1)
);
```

이 경우 incrementCountAtom의 write 함수는 세 개의 인수 중 set만 사용한다.

이 아톰은 평범한 아톰처럼 사용할 수 있으며, 그 값은 무시해도 된다. 예를 들어, 다음 예제로 카운트를 증가시키는 버튼을 보여주는 컴포넌트를 보자.

```
const IncrementButton = () => {
  const [, incrementCount] = useAtom(incrementCountAtom);
  return <button onClick={incrementCount}>Click</button>;
};
```

이것은 인수가 없는 간단한 사례다. 인수를 받아 원하는 만큼 액션 아톰을 만들 수도 있다.

다음으로, 자주 사용되지는 않지만 중요한 기능을 살펴보자.

아톰의 onMount 옵션 이해하기

어떤 경우에는 아톰이 사용되기 시작할 때 특정 로직을 실행하고 싶을 수 있다. 좋은 예시로 외부 데이터를 구독하는 것을 들 수 있다. 이 작업은 useEffect 훅으로 수행할 수도 있지만 아톰 수준에서 로직을 작성하기 위해 Jotai 아톰에는 onMount 옵션이라는 것이 있다.

이 옵션이 어떻게 사용되는지 이해하기 위해 다음과 같이 마운트 혹은 마운트 해제 시 로그인 메시지를 표시하는 아톰을 만들어 보자.

```
const countAtom = atom(0);
countAtom.onMount = (setCount) => {
  console.log("count atom 사용을 시작합니다");
  const onUnmount = () => {
    console.log("count atom 사용이 끝났습니다");
  };
  return onUnmount;
};
```

onMount 함수의 내용에는 사용 시작에 대한 로그가 출력된다. 또한 사용 종료에 대한 로그 메시지를 출력하는 onUnmount 함수도 반환한다. onMount 함수는 countAtom을 변경하는 함수를 인수로 받는다.

이것은 인위적인 예제지만 외부 데이터와 연결하는 실제 사용 사례는 많다.

다음으로 유틸리티 함수에 대해 알아보자.

jotai/utils 번들 소개하기

Jotai 라이브러리는 기본 번들에서 두 가지 기본 함수인 atom과 useAtom, 그리고 Provider 컴포넌트를 제공한다. 작은 API는 기본적인 기능을 이해하기에 좋지만 실제 개발에 도움되는 몇 가지 유틸리티 기능이 필요할 수 있다.

Jotai는 다양한 유틸리티 함수가 포함된 jotai/utils라는 별도의 번들을 제공한다. 예를 들어, atomWithStorage는 지속적으로 스토리지와 동기화하는 기능을 가진 아톰을 생성하는 함수다. 자세한 정보 및 기타 유틸리티 기능은 공식 프로젝트 사이트[6]에서 볼 수 있다.

이어서 다른 라이브러리에서 Jotai 라이브러리를 어떻게 활용할 수 있는지 알아본다.

---

6 https://github.com/pmndrs/jotai

라이브러리 사용법 이해하기

두 라이브러리가 내부적으로 Jotai 라이브러리를 사용한다고 가정해 보자. 두 라이브러리를 사용하는 애플리케이션을 개발하면 이중 공급자 문제가 발생한다. Jotai 아톰은 참조로 구분되기 때문에 첫 번째 라이브러리의 아톰이 실수로 두 번째 라이브러리의 공급자에 연결될 수 있다. 그 결과, 라이브러리 제작자가 예상한 대로 작동하지 않을 수 있다. Jotai 라이브러리는 특정 공급자에 연결하는 방법인 '스코프(scope)'라는 개념을 제공한다. 예상대로 작동하게 하려면 Provider 컴포넌트와 useAtom 훅에 동일한 스코프 변수를 전달해야 한다.

구현 측면에서 봤을 때 이것이 컨텍스트가 작동하는 방식이다. 스코프 기능은 단지 컨텍스트 기능을 다시 넣는 데 사용된다. 이 기능을 다른 용도로 사용할 수 있는 방법은 아직 연구 중이다. Jotai 커뮤니티는 이 기능에 대한 더 많은 사용 사례를 연구할 예정이다.

마지막으로 Jotai 라이브러리의 몇 가지 고급 기능을 살펴보자.

고급 기능 소개

이 책에서 다루지 않은 고급 기능이 몇 가지 더 있다.

가장 주목할 만한 것은 Jotai가 리액트 서스펜스(Suspense) 기능을 지원한다는 점이다. 파생 아톰의 read 함수가 Promise를 반환하면 useAtom 훅이 일시 중단되고 리액트는 폴백(fallback)을 표시한다. 이 기능은 아직 실험 중이며, 변경될 수 있지만 매우 중요한 기능이다.

또 한 가지 주목할 점은 라이브러리 통합에 관한 것이다. Jotai는 아톰 모델을 사용해 불필요한 리렌더링 문제를 해결하기 위한 라이브러리다. 다른 라이브러리와 함께 사용하면 사용 사례를 확장할 수 있다. 아톰 모델은 다른 라이브러리와 유연하게 통합할 수 있으며, 특히 외부 데이터 소스에는 onMount 옵션이 필요하다.

이러한 고급 기능에 대해 자세히 알아보려면 공식 프로젝트 사이트[7]를 참고한다.

이번 절에서는 Jotai 라이브러리가 제공하는 몇 가지 추가 기능을 알아봤다. Jotai는 빌딩 블록을 제공하는 기초적인 라이브러리지만 실제 업무에서 사용할 수 있을 만큼 유연하다.

---

7 https://github.com/pmndrs/jotai

정리

이번 장에서는 Jotai 라이브러리에 대해 알아봤다. 이 라이브러리는 아톰 모델과 컨텍스트를 기반으로 한다. 간단한 예제를 통해 기본적인 내용을 배우고 아톰 모델의 유연성을 확인했다. 컨텍스트와 구독의 조합은 리액트 지향적으로 전역 상태를 가질 수 있는 유일한 방법이다. 불필요한 리렌더링 없이 컨텍스트가 필요한 경우 이 접근 방식을 선택해야 한다.

다음 장에서는 고유한 문법을 가진 모듈 상태 전용 라이브러리인 Valtio라는 또 다른 라이브러리에 대해 알아보겠다.

사용 사례
시나리오 3: Valtio

Valtio[1]는 Zustand나 Jotai와는 다르게 변경 가능한 갱신 모델(mutating update model)을 기반으로 하는 또 다른 전역 상태 관리 라이브러리다. Zustand와 같이 주로 모듈 상태용으로 사용된다. 리액트와의 통합을 위해 Valtio는 프락시를 사용해 변경 불가능한 스냅숏을 가져온다.

API는 자바스크립트만으로 이뤄져 있으며 모든 작업이 내부에서 처리된다. Valtio는 프락시를 활용해 자동으로 리렌더링을 최적화한다. 리렌더링을 제어하기 위해 선택자가 필요하지 않다. Valtio의 자동 렌더링 최적화는 **상태 사용 추적(state usage tracking)**이라는 기법을 기반으로 한다. 상태 사용 추적을 사용하면 상태의 어느 부분이 사용되는지 감지할 수 있으며, 사용된 부분이 변경될 경우에만 컴포넌트를 리렌더링되게 할 수 있다. 결과적으로 개발자가 작성해야 할 코드의 양이 줄어든다.

이번 장에서는 Valtio 라이브러리의 기본 사용법과 변경 업데이트를 처리하는 방법을 알아본다. 그리고 변경 불가능한 상태를 만드는 핵심 기능인 스냅숏에 대해 알아보겠다. 마지막으로 스냅숏과 프락시를 통해 리렌더링을 최적화하는 방법도 알아보겠다.

이번 장에서는 다음과 같은 주제를 다룬다.

---

1 https://github.com/pmndrs/valtio

- 또 다른 모듈 상태 라이브러리인 Valtio 살펴보기

- 프락시를 활용한 변경 감지 및 불변 상태 생성하기

- 프락시를 활용한 리렌더링 최적화

- 작은 애플리케이션 만들어 보기

- 이러한 접근 방식의 장단점

기술 요구사항

리액트와 리액트 훅에 대한 적절한 지식이 필요하다. 자세한 내용은 공식 사이트(https://reactjs.org)를 참고한다.

이번 장의 코드 일부는 타입스크립트(https://www.typescriptlang.org)를 사용하므로 이에 대한 기본 지식이 필요하다.

이번 장의 코드는 다음 깃허브 저장소에서 확인할 수 있다.

- https://github.com/wikibook/msmrh/tree/main/chapter09

이번 장의 코드를 실행하려면 Create React App(https://create-react-app.dev) 또는 CodeSandbox(https://codesandbox.io) 같은 리액트를 실행할 수 있는 환경이 필요하다.

또 다른 모듈 상태 라이브러리인 Valtio 살펴보기

Valtio는 주로 모듈 상태에 사용되는 라이브러리라는 점에서 Zustand와 동일하다.

7장 '사용 사례 시나리오 1: Zustand'에서 배운 대로 Zustand와 똑같이 스토어를 생성할 수 있다.

```
const store = create(() => ({
  count: 0,
  text: "hello",
}));
```

store에는 몇 가지 속성이 있는데, 그중 하나가 setState다. setState를 사용하면 상태를 변경할 수 있다. 예를 들어, 다음은 count 값을 증가시키는 예제다.

```
store.setState((prev) => ({
  count: prev.count + 1,
}))
```

상태를 갱신하기 위해 setState를 사용해야 하는 이유는 무엇일까? 상태를 불변으로 갱신하고 싶기 때문이다. 내부적으로 setState는 다음과 같이 작동한다.

```
moduleState = Object.assign({}, moduleState, {
  count: moduleState.count + 1
});
```

이 같은 방식으로 객체를 불변으로 갱신한다.

불변 갱신 규칙을 따를 필요가 없는 경우를 상상해 보자. 이 경우 moduleState의 count 값을 증가시키는 코드는 다음과 같을 것이다.

```
++moduleState.count;
```

이러한 코드를 리액트에서 작동하게 만들 수 있다면 좋지 않을까? 사실 프락시를 사용한다면 이를 구현할 수 있다. 프락시는 자바스크립트의 특수한 객체[2]로서 객체 연산을 감지하기 위한 핸들러를 만드는 데 활용할 수 있다. 예를 들어, 다음과 같이 객체 변경을 감지하는 set 핸들러를 추가할 수 있다.

```
const proxyObject = new Proxy({
  count: 0,
  text: "hello",
}, {
  set: (target, prop, value) => {
    console.log("start setting", prop);
    target[prop] = value;
```

---

2 https://developer.mozilla.org/ko/docs/Web/JavaScript/Reference/Global_Objects/Proxy

```
      console.log("end setting", prop);
    },
  });
```

두 개의 인수와 함께 new Proxy를 실행해 proxyObject를 생성했다. 첫 번째 인수는 객체이고
두 번째 인수는 핸들러를 담는 컬렉션 객체다. 여기서는 set 핸들러를 만들었다. set 핸들러는
객체의 값이 갱신되려고 할 때 실행된다. 추가로 실제 값을 갱신하기 전과 후에 console.log
문을 추가했다.

proxyObject는 특수한 객체이며 앞에서 설명한 것처럼 값이 갱신될 때 값이 갱신되기 전과 후
에 콘솔에 로그가 출력된다. 다음은 Node.js REPL[3]에서 코드를 실행했을 때 출력되는 내용
이다.

```
> ++proxyObject.count
start setting count
end setting count
1
```

개념적으로 프락시는 모든 변경을 감지할 수 있기 때문에 기술적으로 Zustand의 setState
와 유사한 동작을 수행할 수 있다. Valtio는 프락시를 활용해 상태 변경을 감지하는 라이브러
리다.

이번 절에서는 Valtio가 변경 가능한 갱신 모델을 사용하는 라이브러리라는 것을 배웠다. 다음
절에서는 Valtio가 변경을 통해 어떻게 불변 상태를 생성하는지 알아보자.

프락시를 활용한 변경 감지 및 불변 상태 생성하기

Valtio는 프락시를 사용해 변경 가능한 객체에서 변경 불가능한 객체를 생성한다. 이 불변 객
체를 **스냅숏(snapshot)**이라고 한다.

---

3 https://nodejs.dev/learn/how-to-use-the-nodejs-repl

프락시 객체로 감싼 변경 가능한 객체를 생성하려면 Valtio를 통해 proxy 함수를 사용하면
된다.

다음은 count 속성을 가진 객체를 생성하는 예제다.

```
import { proxy } from "valtio";

const state = proxy({ count: 0 });
```

proxy 함수에서 반환하는 state 객체는 변경을 감지하는 프락시 객체이므로 불변 객체를 생성
할 수 있다.

불변 객체를 생성하려면 다음과 같이 Valtio를 통해 snapshot 함수를 사용하면 된다.

```
import { snapshot } from "valtio";

const snap1 = snapshot(state);
```

state가 { count: 0 }이고 snap1도 { count: 0 }이지만 state와 snap1은 서로 다른 참조를
가진다. state는 프락시로 감싼 변경 가능한 객체인 반면, snap1은 Object.freeze[4]로 동결되
어 변경 불가능한 객체다.

이제 스냅숏이 어떻게 작동하는지 살펴보자. state 객체를 변경하고 다음과 같이 다른 스냅숏
을 만든다.

```
++state.count;

const snap2 = snapshot(state);
```

state는 { count: 1 }이며 이전과 동일한 참조를 가진다. snap2는 { count: 1 }이며 새로운
참조를 가진다. snap1과 snap2는 불변이므로 snpa1 === snap2로 동등성을 확인하고 객체에
서 어떤 부분이 다른지 알 수 있다.

---

4 https://developer.mozilla.org/ko/docs/Web/JavaScript/Reference/GlobalObjects/Object/freeze

proxy와 snapshot 함수는 중첩된 객체에 대해서도 작동하며 스냅숏 생성을 최적화한다. 즉, snapshot 함수는 필요한 경우, 즉 속성이 변경될 때만 새 스냅숏을 생성한다. 이번에는 다른 예제를 살펴보자. state2에는 두 개의 중첩된 c 속성이 있다.

```
const state2 = proxy({
  obj1: { c: 0 },
  obj2: { c: 0 },
});

const snap21 = snapshot(state2)

++state2.obj1.c;

const snap22 = snapshot(state2)
```

이 경우 snap21은 { obj1: { c: 0 }, obj2: { c: 0 } }이고 snap22는 { obj1: { c: 1 }, obj2: { c: 0 } }이다. snap21과 snap22는 서로 다른 참조를 가지므로 snap21 !== snap22가 유지된다.

중첩된 객체에서는 어떨까? snap21.obj1과 snap22.obj1은 다르지만 snap21.obj2와 snap22.obj2는 동일하다. obj2의 내부 c 속성이 변경되지 않았기 때문이다. obj2는 변경할 필요가 없으므로 snap21.obj2 === snap22.obj2가 유지된다.

이러한 스냅숏 최적화는 중요한 기능이다. snap21.obj2와 snap22.obj2의 참조가 동일하다는 것은 메모리를 공유한다는 의미다. Valtio는 필요한 경우에만 스냅숏을 생성해서 메모리 사용량을 최적화한다. 이러한 최적화는 Zustand에서도 수행할 수 있지만 새로운 불변 상태를 적절하게 생성하는 것은 개발자의 책임이다. 이와는 대조적으로 Valtio는 최적화를 내부에서 실행한다. Valtio에서는 개발자가 새로운 불변 상태를 생성하는 책임에서 자유롭다.

> **중요 메모**
> Valtio의 최적화는 이전 스냅숏에 대한 캐싱을 기반으로 한다. 즉, 캐시 공간이 하나라는 의미다. 따라서 ++state.count로 카운트를 늘린 다음, --state.count로 줄이면 새로운 스냅숏이 생성된다.

이번 절에서는 Valtio가 어떻게 불변 상태 '스냅숏'을 자동으로 생성하는지 배웠다. 다음으로 Valtio와 리액트용 훅에 대해 알아보자.

프락시를 활용한 리렌더링 최적화

Valtio는 리렌더링을 최적화하고 변경을 감지하기 위해 프락시를 사용한다. 이는 6장 '전역 상태 라이브러리 소개'의 '속성 접근 감지' 절에서 배운 리렌더링 최적화 패턴이다.

카운터 애플리케이션으로 Valtio 훅의 사용법과 동작 방식을 알아보자. 이 훅은 useSnapshot 이라고 부른다. useSnapshot의 구현은 snapshot 함수와 이를 감싸는 다른 프락시를 기반으로 한다. 이 snapshot 프락시는 proxy 함수에서 사용되는 프락시와 다른 목적이 있다. snapshot 프락시는 스냅숏 객체의 속성 접근을 감지하는 데 사용된다. snapshot 프락시를 통해 렌더링 최적화가 어떻게 작동하는지 살펴보겠다.

Valtio에서 함수를 가져와 카운트 애플리케이션을 만드는 것부터 시작하자.

```
import { proxy, useSnapshot } from "valtio";
```

proxy와 useSnapshot은 Valtio에서 제공하는 두 가지 주요 기능이며, 대부분의 경우에 사용된다. 이제 proxy를 사용해 state 객체를 만든다. 카운터 애플리케이션에는 count1과 count2라는 두 개의 카운트가 있다.

```
const state = proxy({
  count1: 0,
  count2: 0,
});
```

proxy 함수는 초기 객체를 받아 새로운 프락시 객체를 반환한다. 원하는 대로 state 객체를 변경할 수 있다.

다음으로 state 객체를 사용하고 count1 속성을 표시하는 Counter1 컴포넌트를 정의한다.

```
const Counter1 = () => {
  const snap = useSnapshot(state);
  const inc = () => ++state.count1;
  return (
    <>
      {snap.count1} <button onClick={inc}>+1</button>
    </>
  );
};
```

useSnapshot에서 반환하는 값의 변수명을 snap으로 설정하는 것이 Valtio의 관례다. inc는 state 객체를 변경하는 함수다. 예제에서는 state 프락시 객체를 변경하고 snap은 읽기만 한다. snap 객체는 Object.freeze[5]로 동결되며 기술적으로 변경할 수 없다. Object.freeze가 없으면 자바스크립트 객체는 항상 변경 가능하기 때문에 불변 객체가 아니지만 관례상 불변 객체처럼 취급한다. snap.count1은 state 객체의 count1 속성에 접근한다. 접근은 useSnapshot 훅에 의해 추적 정보로 감지되며, 추적 정보를 기반으로 useSnapshot 훅은 필요한 경우에만 리렌더링을 감지한다.

Counter2 컴포넌트도 다음과 같이 정의한다.

```
const Counter2 = () => {
  const snap = useSnapshot(state);
  const inc = () => ++state.count2;
  return (
    <>
      {snap.count2} <button onClick={inc}>+1</button>
    </>
  );
};
```

Counter1과의 차이점은 count1 속성 대신 count2 속성을 사용한다는 것뿐이다. 공유 컴포넌트를 정의하려면 컴포넌트를 하나 정의하고 속성 이름을 props를 통해 가져오면 된다.

---

5 https://developer.mozilla.org/ko/docs/Web/JavaScript/Reference/GlobalObjects/Object/freeze

마지막으로 App 컴포넌트를 만들어 보자. 컨텍스트를 사용하지 않으므로 공급자가 없다.

```
const App = () => (
  <>
    <div><Counter1 /></div>
    <div><Counter2 /></div>
  </>
);
```

이 애플리케이션은 어떻게 작동할까? 첫 렌더링에서 state 객체는 { count1: 0, count2: 0 }이며, 스냅숏 객체도 똑같은 값을 가진다. Counter1 컴포넌트는 스냅숏 객체의 count1 속성에 접근하고 Counter2 컴포넌트는 스냅숏 객체의 count2 속성에 접근한다. 각 컴포넌트의 useSnapshot 혹은 추적 정보를 기억하고 알아낼 수 있다. 추적 정보는 컴포넌트가 어떤 속성에 접근했는지를 말한다.

Counter1 컴포넌트의 버튼(그림 9.1의 첫 번째 버튼)을 클릭하면 state 객체의 count1 속성이 증가한다.

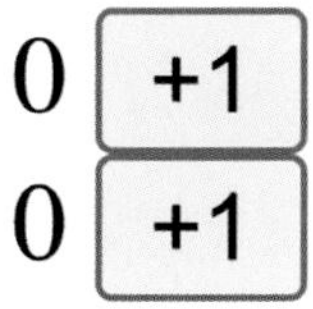

그림 9.1 카운터 애플리케이션의 첫 번째 화면

따라서 state 객체는 { count1: 1, count2: 0 }이 된다. 그 후에 Counter1 컴포넌트는 새로운 숫자 1로 리렌더링된다. 그러나 count2가 여전히 0이고 변경되지 않았기 때문에 Counter2 컴포넌트는 리렌더링되지 않는다(그림 9.2).

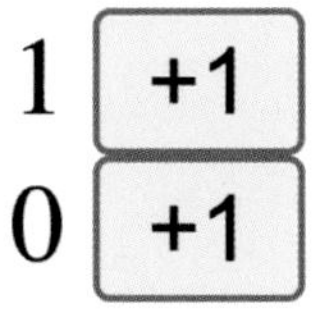

그림 9.2 카운터 애플리케이션의 두 번째 화면

이처럼 추적 정보로 리렌더링을 최적화할 수 있다.

카운터 애플리케이션에서 state 객체는 두 개의 숫자 속성이 있는 단순한 객체다. Valtio는 중첩된 객체와 배열을 지원한다. 다음 예제를 보자.

```
const contrivedState = proxy({
  num: 123,
  str: "hello",
  arr: [1, 2, 3],
  nestedObject: { foo: "bar" },
  objectArray: [{ a: 1 }, { b: 2 }],
});
```

기본적으로 일반적인 객체와 배열을 포함하는 어떤 객체도 완전하게 지원된다. 심지어 깊게 중첩된 경우에도 말이다. 자세한 내용은 공식 프로젝트 사이트[6]를 참고한다.

이번 절에서는 Valtio가 스냅숏과 프락시를 사용해 리렌더링을 최적화하는 방법을 알아봤다. 다음 절에서는 예제를 통해 애플리케이션을 구조화하는 방법을 살펴보겠다.

작은 애플리케이션 만들어 보기

Valtio를 이용해 작은 애플리케이션 만드는 방법을 알아보자. 예제는 Todo 애플리케이션이다. Valtio는 애플리케이션 구조에 대해서는 관여하지 않는다. 이것은 일반적인 패턴 중 하나다.

Todo 애플리케이션을 어떻게 구성할지 살펴보자. 먼저 Todo 타입을 정의한다.

```
type Todo = {
  id: string;
  title: string;
  done: boolean;
};
```

---

6 https://github.com/pmndrs/valtio

Todo 항목은 id 문자열 값, title 문자열 값, done 부울 값으로 구성된다.

다음으로, 앞에서 정의한 Todo 타입을 사용해 상태 객체를 정의한다.

```
const state = proxy<{ todos: Todo[] }>({
  todos: [],
});
```

state 객체는 기본값으로 사용할 객체를 proxy로 감싸서 생성할 수 있다.

state 객체를 조작하기 위해 새로운 Todo 항목을 추가하는 addTodo와 Todo 항목을 제거하는 removeTodo, done 상태로 전환하는 toggleTodo 등 몇 가지 함수를 정의한다.

```
const createTodo = (title: string) => {
  state.todos.push({
    id: nanoid(),
    title,
    done: false,
  });
};

const removeTodo = (id: string) => {
  const index = state.todos.findIndex(
    (item) => item.id === id
  );
  state.todos.splice(index, 1);
};

const toggleTodo = (id: string) => {
  const index = state.todos.findIndex(
    (item) => item.id === id
  );
  state.todos[index].done = !state.todos[index].done;
};
```

nanoid[7]는 겹치지 않는 고유한 ID를 생성하는 간단한 함수다. 세 함수는 일반적인 자바스크립트 객체처럼 state를 관리한다. 이는 프락시를 사용하기 때문에 가능한 것이다.

다음으로 done 상태를 나타내는 체크박스 토글, done 상태에 따른 텍스트와 스타일, 요소를 제거하는 버튼을 포함하는 TodoItem 컴포넌트를 만든다.

```
const TodoItem = ({
  id,
  title,
  done,
}: {
  id: string;
  title: string;
  done: boolean;
}) => {
  return (
    <div>
      <input
        type="checkbox"
        checked={done}
        onChange={() => toggleTodo(id)}
      />
      <span
        style={{
          textDecoration: done ? "line-through" : "none",
        }}
      >
        {title}
      </span>
      <button onClick={() => removeTodo(id)}>
        Delete
      </button>
    </div>
  );
};
```

---

7 https://www.npmjs.com/package/nanoid

```
const MemoedTodoItem = memo(TodoItem);
```

이 컴포넌트는 todo 객체를 받는 대신에 id, title, done 속성을 따로 받는다. 이는 memo 함수를 사용해 MemoedTodoItem 컴포넌트를 만들었기 때문이다. 상태 사용 추적은 속성 접근을 감지하기 때문에 메모된 컴포넌트에 객체를 전달하면 속성 접근을 생략한다.

MemoedTodoItem 컴포넌트를 사용하려면 다음과 같이 useSnapshot과 함께 TodoList 컴포넌트를 정의해야 한다.

```
const TodoList = () => {
  const { todos } = useSnapshot(state);
  return (
    <div>
      {todos.map((todo) => (
        <MemoedTodoItem
          key={todo.id}
          id={todo.id}
          title={todo.title}
          done={todo.done}
        />
      ))}
    </div>
  );
};
```

이 컴포넌트는 useSnapshot에서 todos를 가져와 todos 배열에 있는 객체의 모든 속성에 접근한다. 따라서 useSnapshot은 todos의 일부가 변경되면 리렌더링을 감지한다. id, title, done을 변경하는 게 아니라면 MemoedTodoItem 컴포넌트는 리렌더링되지 않기 때문에 이는 그다지 큰 문제가 아니다. 이번 절의 뒷부분에서 다른 패턴에 대해 알아보겠다.

이번에는 새로운 할일을 생성하기 위해 입력 필드에 대한 지역 상태를 가지고 있으며 [Add] 버튼을 클릭하면 createTodo를 호출하는 간단한 컴포넌트를 만들어 보자.

```
const NewTodo = () => {
  const [text, setText] = useState("");
  const onClick = () => {
    createTodo(text);
    setText("");
  };

  return (
    <div>
      <input
        value={text}
        onChange={(e) => setText(e.target.value)}
      />
      <button onClick={onClick} disabled={!text}>
        Add
      </button>
    </div>
  );
};
```

구현한 컴포넌트를 App 컴포넌트에 추가한다.

```
const App = () => (
  <>
    <TodoList />
    <NewTodo />
  </>
);
```

이제 애플리케이션이 어떻게 작동하는지 살펴보자.

1. 처음에는 텍스트 필드와 Add 버튼만 있다(그림 9.3).

그림 9.3 Todo 애플리케이션의 첫 번째 화면

2. Add 버튼을 클릭하면 새 항목이 추가된다(그림 9.4).

그림 9.4 Todo 애플리케이션의 두 번째 화면

3. 원하는 만큼 항목을 추가할 수 있다(그림 9.5).

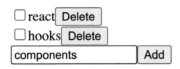

그림 9.5 Todo 애플리케이션의 세 번째 화면

4. 체크박스를 클릭하면 done 상태가 전환된다(그림 9.6).

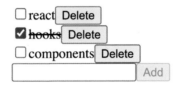

그림 9.6 Todo 애플리케이션의 네 번째 화면

5. Delete 버튼을 클릭하면 항목이 삭제된다(그림 9.7).

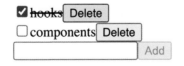

그림 9.7 Todo 애플리케이션의 다섯 번째 화면

지금까지 만든 애플리케이션은 문제없이 잘 작동한다. 하지만 리렌더링 측면에서는 개선할 여지가 있다. 기존 요소에서 done 상태를 전환하면 해당 TodoItem 컴포넌트뿐만 아니라 TodoList 컴포넌트도 리렌더링된다. 앞에서 언급했듯이, TodoList 컴포넌트처럼 가벼운 컴포넌트라면 큰 문제가 되지 않는다.

TodoList 컴포넌트에서 불필요한 리렌더링을 제거하는 또 다른 패턴이 있다. 그렇지만 항상 전체 성능이 개선되는 것은 아니다. 어떤 접근 방식을 선택해야 하는지는 애플리케이션에 따라 다르다.

새로운 접근 방식에서는 각 TodoItem 컴포넌트에서 useSnapshot을 사용한다. TodoItem 컴포넌트는 오직 id만을 받는다. 다음의 수정된 TodoItem 컴포넌트를 살펴보자.

```
const TodoItem = ({ id }: { id: string }) => {
  const todoState = state.todos.find(
    (todo) => todo.id === id
  );

  if (!todoState) {
    throw new Error("invalid todo id");
  }

  const { title, done } = useSnapshot(todoState);

  return (
    <div>
      <input
        type="checkbox"
        checked={done}
        onChange={() => toggleTodo(id)}
      />
      <span
        style={{
          textDecoration: done ? "line-through" : "none",
        }}
      >
        {title}
      </span>
      <button onClick={() => removeTodo(id)}>
        Delete
      </button>
    </div>
```

```
  );
};

const MemoedTodoItem = memo(TodoItem);
```

id 속성을 기반으로 todoState를 찾은 후 todoState를 사용해 useSnapshot에서 title 및 done 속성을 가져온다. 그러면 이 컴포넌트는 id, title, done 속성이 변경된 경우에만 리렌더링된다.

이제 수정된 TodoList 컴포넌트를 살펴보자. 앞에서 구현한 컴포넌트와 다르게 id 속성만 전달한다.

```
const TodoList = () => {
  const { todos } = useSnapshot(state);
  const todoIds = todos.map((todo) => todo.id);

  return (
    <div>
      {todoIds.map((todoId) => (
        <MemoedTodoItem key={todoId} id={todoId} />
      ))}
    </div>
  );
};
```

따라서 todoIds는 todo 객체의 id 속성에서 생성된다. TodoList 컴포넌트는 배열에서 id의 순서가 변경되거나 id가 추가 또는 제거되는 경우에만 리렌더링된다. 기존 요소에서 done 상태만 변경되는 경우에는 리렌더링되지 않는다. 따라서 불필요한 리렌더링이 제거된다.

중간 규모의 애플리케이션에서는 두 접근 방식의 성능 차이가 거의 없다고 볼 수 있다. 이 두 접근 방식은 코딩 패턴이 서로 다르다는 것에 더 의미가 있다. 개발자는 멘탈 모델에 따라 더 편한 것을 선택할 수 있다.

이번 절에서는 작은 애플리케이션과 함께 useSnapshot 사용 사례에 대해 알아봤다. 다음으로 이 라이브러리의 장단점과 보편적인 접근 방식에 대해 알아보겠다.

이 접근 방식의 장단점

지금까지 Valtio가 어떻게 작동하는지 살펴봤는데, 한 가지 의문은 언제 사용해야 하고 언제 사용하지 말아야 하는가다.

한 가지 중요한 측면으로 멘탈 모델이 있다. Valtio는 두 가지 상태 업데이트 모델이 있다. 하나는 불변 갱신이고 하나는 변경 가능한 갱신이다. 자바스크립트 자체는 변경 가능한 갱신을 허용하지만 리액트는 불변 상태를 중심으로 만들어졌다. 따라서 두 모델을 같이 사용하는 경우 혼동하지 않도록 주의해야 한다. 괜찮은 해결책은 멘탈 모델 전환을 쉽게 할 수 있도록 Valtio의 상태와 리액트의 상태를 명확하게 분리하는 것이다. 이렇게 분리하면 Valtio를 활용할 여지가 생긴다. 그렇지 않은 경우에는 불변 갱신을 계속 사용하는 것이 좋을 수도 있다.

변경 가능한 갱신의 가장 큰 장점은 네이티브 자바스크립트 함수를 사용할 수 있다는 것이다. 예를 들어, 배열에서 인덱스 값을 알고 있다면 요소를 제거할 때 다음과 같이 작성할 수 있다.

```
array.splice(index, 1)
```

불변 갱신에서는 이렇게 쉽지 않다. 예를 들어, `slice`를 사용해 다음과 같이 코드를 작성할 수 있다.

```
[...array.slice(0, index), ...array.slice(index + 1)]
```

또 다른 예시는 중첩된 객체에서 값을 변경하는 경우다. 변경 가능한 갱신에서는 다음과 같이 작성할 수 있다.

```
state.a.b.c.text = "hello";
```

반면, 불변 갱신에서는 다음과 같이 작성한다.

```
{
  ...state,
  a: {
    ...state.a,
```

```
    b: {
      ...state.a.b,
      c: {
        ...state.a.b.c,
        text: "hello",
      },
    },
  },
}
```

썩 유쾌한 코딩 스타일은 아니다. Valtio는 변경 가능한 갱신으로 애플리케이션 코드를 줄이는 데 도움이 된다. 또한 Valtio는 프락시 기반 렌더링 최적화를 사용해 애플리케이션 코드를 줄이는 데도 도움이 된다.

다음과 같이 count와 text 속성을 가진 상태가 있다고 가정해 보자.

```
const state = proxy({ count: 0, text: "hello" });
```

컴포넌트에서 count만 사용한다면 Valtio에서 다음과 같이 작성할 수 있다.

```
const Component = () => {
  const { count } = useSnapshot(state);
  return <>{count}</>;
};
```

Zustand를 사용하면 다음과 같이 작성한다.

```
const Component = () => {
  const count = useStore((state) => state.count);
  return <>{count}</>;
};
```

차이가 미미해 보여도 count 변수가 두 군데에서 사용되고 있다.

가상의 사례를 살펴보자. showText 속성이 참인 경우에 text 값을 표시한다고 가정해 보자. useSnapshot을 사용하면 다음과 같이 작성할 수 있다.

```
const Component = ({ showText }) => {
  const snap = useSnapshot(state);
  return <>{snap.count} {showText ? snap.text : ""}</>;
};
```

동일한 동작을 선택자 기반 훅으로 구현하는 것은 쉽지 않다. 한 가지 방법은 훅을 두 번 사용하는 것이다. Zustand에서는 다음과 같이 작성할 수 있다.

```
const Component = ({ showText }) => {
  const count = useStore((state) => state.count);
  const text = useStore(
    (state) => showText ? state.text : ""
  );

  return <>{count} {text}</>;
};
```

즉, 조건이 많아질수록 훅이 더 많이 필요하다는 뜻이다.

반면 프락시 기반 렌더링 최적화의 단점은 예측 가능성이 떨어진다는 것이다. 프락시는 렌더링 최적화를 내부적으로 처리하기 때문에 동작을 디버깅하기가 더 어려울 수 있다. 따라서 개발자는 더 명시적인 선택자 기반 훅을 선호할 수도 있다.

한마디로 모든 것에 적합한 해결책은 없다. 개발자가 자신의 필요에 맞는 해결책을 선택하는 것이 중요하다.

이번 절에서는 Valtio 라이브러리에서 선택한 접근 방식에 대해 알아봤다.

정리

이번 장에서는 Valtio 라이브러리에 대해 알아봤다. 이 라이브러리는 프락시를 광범위하게 활용한다. 예제를 살펴보고 어떻게 사용할 수 있는지에 대해서도 알아봤다. 일반적인 자바스크립트 객체를 사용하는 것과 같이 상태를 변경할 수 있으며, 프락시 기반의 렌더링 최적화를 통해 애플리케이션 코드를 줄이는 데 도움이 된다는 것을 배웠다. 이 접근 방식이 적절한 선택인지는 요구사항에 따라 다르다.

다음 장에서는 컨텍스트에 기반하고 Valtio와 같은 프락시 기반 렌더링 최적화 기능을 가진 React Tracked라는 라이브러리에 대해 알아본다.

10

사용 사례
시나리오 4: React Tracked

React Tracked[1]는 속성 감지를 기반으로 자동으로 렌더링 최적화를 수행하는 상태 사용 추적 라이브러리다. 이것은 9장 '사용 사례 시나리오 3: Valtio'에서 설명한 바와 동일하게 불필요한 리렌더링 제거 기능을 제공한다.

React Tracked는 다른 상태 관리 라이브러리와 함께 사용할 수 있다. 주로 상태 관리를 위해 useState나 useReducer를 사용하지만 Redux[2], Zustand 및 다른 유사한 라이브러리와도 사용할 수 있다.

이번 장에서는 상태 사용 추적을 통한 리렌더링 최적화에 대해 다시 알아보고 관련 라이브러리를 비교하겠다. 그 과정에서 React Tracked의 두 가지 사용법을 살펴본다. 하나는 useState와 함께 사용하는 방법이고, 다른 하나는 React Redux[3]와 함께 사용하는 방법이다. 마지막으로 React Tracked가 향후 리액트 버전에서 어떻게 작동하는지 살펴보며 마무리하겠다.

---

1   https://react-tracked.js.org
2   https://redux.js.org
3   https://react-redux.js.org

이번 장에서는 다음과 같은 주제를 다룬다.

- React Tracked 이해하기

- useState, useReducer와 함께 React Tracked 사용하기

- React Redux와 함께 React Tracked 사용하기

- 향후 전망

기술 요구사항

리액트와 리액트 훅에 대한 적절한 지식이 필요하다. 자세한 내용은 공식 사이트(https://reactjs.org)를 참고한다.

이번 장의 코드 일부는 타입스크립트(https://www.typescriptlang.org)를 사용하므로 이에 대한 기본 지식이 필요하다.

이번 장의 코드는 다음 깃허브 저장소에서 확인할 수 있다.

- https://github.com/wikibook/msmrh/tree/main/chapter10

이번 장의 코드를 실행하려면 Create React App(https://create-react-app.dev) 또는 CodeSandbox(https://codesandbox.io) 같은 리액트를 실행할 수 있는 환경이 필요하다.

React Tracked 이해하기

지금까지 다양한 전역 상태 관리 라이브러리에 대해 배웠지만 React Tracked는 지금까지 배운 라이브러리와 약간 다르다. React Tracked는 상태 관리 기능을 제공하지는 않지만 렌더링 최적화 기능을 제공한다. 이 기능을 **상태 사용 추적**이라고 한다.

React Tracked에서 상태 사용 추적의 사용 사례 중 하나는 리액트 컨텍스트이므로 리액트 컨텍스트가 어떻게 동작하는지 다시 한 번 정리해보겠다.

다음과 같이 createContext를 사용해 컨텍스트를 정의한다고 가정해 보자.

```
const NameContext = createContext([
  { firstName: 'react', lastName: 'hooks' },
  () => {},
]);
```

이 경우 createContext는 초깃값으로 배열을 받는다. 배열의 첫 번째 항목은 초기 상태 객체다. 배열의 두 번째 항목인 () => {}는 임시로 만든 갱신 함수다.

이렇게 배열을 초깃값으로 설정한 이유는 사용 상태의 반환 값과 일치시키기 위해서다. useState를 사용해 전역 상태를 위한 NameProvider를 만들 수 있다.

```
const NameProvider = ({ children }) => (
  <NameContext.Provider
    value={
      useState({ firstName: 'react', lastName: 'hooks' })
    }
  >
    {children}
  </NameContext.Provider>
);
```

보통 최상위 컴포넌트 또는 최상위 컴포넌트와 가까운 컴포넌트에 있는 NameProvider 컴포넌트를 사용할 것이다.

이제 NameProvider 컴포넌트가 있으니 해당 트리 아래에서 사용하는 것이 가능하다. 컨텍스트 값을 사용하려면 useContext를 사용한다. firstName만 필요하다고 가정하고 useFirstName 훅을 정의하겠다.

```
const useFirstName = () => {
  const [{ firstName }] = useContext(NameContext);
  return firstName;
};
```

위 코드는 잘 작동하지만 리렌더링이 발생할 가능성이 있다. `firstName`은 변경하지 않고 `lastName`만 변경하면 새로운 컨텍스트 값이 전파되고 `useContext(NameContext)`가 리렌더링을 감지한다. `useFirstName` 혹은 컨텍스트 값에서 `firstName`만을 읽는다. 따라서 리렌더링이 발생한다.

구현 관점에서 보면 이 같은 동작 방식은 당연한 것이다. 하지만 개발자의 관점에서 보면 컨텍스트 값에서 `firstName`만을 사용하기 때문에 바람직하지 않다. 개발자 입장에서는 다른 속성 (이 예제의 경우 `lastName`)에 의존하지 않기를 기대할 것이다.

상태 객체에서 `firstName`만 사용하는 경우 `firstName`이 변경될 때만 훅이 리렌더링을 감지할 것으로 기대할 것이다. 상태 사용 추적은 개발자의 이런 바람을 실현하는 기능이다. 프락시로 이를 가능하게 할 수 있다.

React Tracked를 사용하면 `useContext(NameContext)`를 대신해서 쓸 수 있는 `useTracked`라는 훅을 정의할 수 있다. `useTracked`는 상태를 프락시로 감싸고 사용을 추적한다. `useTracked`의 사용법은 다음과 같다.

```
const useFirstName = () => {
  const [{ firstName }] = useTracked();
  return firstName;
};
```

`useContext(NameContext)`와 사용법이 같다. 이는 상태 사용 추적의 핵심으로, 코드는 평소와 똑같아 보이지만 내부에서 상태 사용을 추적하고 렌더링을 자동으로 최적화한다.

자동 렌더링 최적화는 9장 '사용 사례 시나리오 3: Valtio'에서 다뤘다. React Tracked와 Valtio는 상태 사용 추적 기능을 동일하게 사용한다. 실제로 두 라이브러리는 동일하게 proxy-compare[4]라는 내부 라이브러리를 사용한다.

이번 절에서는 상태 사용 추적을 다시 살펴보고 리렌더링을 최적화하는 방법을 배웠다. 다음 절에서는 React Tracked를 `useState` 및 `useReducer`와 함께 사용하는 방법을 알아본다.

---

4 https://github.com/dai-shi/proxy-compare

useState, useReducer와 함께 React Tracked 사용하기

React Tracked는 주로 리액트 컨텍스트를 대체할 용도로 사용된다. React Tracked의 API 는 이를 위해 특별히 설계됐다.

이제 useState, useReducer를 이용하는 두 가지 사용법을 살펴보겠다. 먼저 useState와 함께 사용하는 방법을 알아보자.

useState와 함께 React Tracked 사용하기

useState와 함께 React Tracked를 사용하는 방법을 살펴보기에 앞서 리액트 컨텍스트로 전 역 상태를 만드는 방법을 다시 살펴보겠다.

먼저 초기 상태 값으로 useState를 호출하는 사용자 정의 훅을 만든다.

```
const useValue = () =>
  useState({ count: 0, text: "hello" });
```

사용자 정의 훅을 만드는 것은 typeof 연산자로 타입을 가져올 수 있기 때문에 타입스크립트에 서 유용하다.

다음으로 컨텍스트를 정의한다.

```
const StateContext = createContext<
  ReturnType<typeof useValue> | null
>(null);
```

타입스크립트를 통해 타입 선언을 했다. 초깃값은 null이다.

컨텍스트를 사용하려면 Provider 컴포넌트가 필요하다. 다음과 같이 초기 컨텍스트 값으로 useValue를 사용하는 사용자 정의 Provider를 만든다.

```
const Provider = ({ children }: { children: ReactNode }) => (
  <StateContext.Provider value={useValue()}>
    {children}
```

```
    </StateContext.Provider>
  );
```

이 컴포넌트는 `StateContext.Provider` 컴포넌트를 주입하는 컴포넌트다. `useValue`를 별도로 정의했기 때문에 JSX에서 `Provider` 구현체를 사용할 수 있다.

컨텍스트 값을 사용하려면 `useContext`를 사용하면 된다. 다음과 같이 사용자 정의 훅을 정의한다.

```
const useStateContext = () => {
  const contextValue = useContext(StateContext);
  if (contextValue === null) {
    throw new Error("Please use Provider");
  }

  return contextValue;
};
```

이 사용자 정의 훅은 `contextValue`를 null과 비교하는 방법으로 `Provider`가 존재하는지 확인한다. 만약 null이라면 에러가 발생하므로 개발자는 `Provider`가 없다는 것을 알 수 있다.

이제 애플리케이션을 위한 몇 가지 컴포넌트를 만들어 볼 것이다. 첫 번째 컴포넌트는 Counter로, 컨텍스트의 상태에서 가져온 count 속성과 count 값을 증가시키는 버튼을 보여준다.

```
const Counter = () => {
  const [state, setState] = useStateContext();
  const inc = () => {
    setState((prev) => ({
      ...prev,
      count: prev.count + 1,
    }));
  };

  return (
    <div>
```

```
      count: {state.count}
      <button onClick={inc}>+1</button>
    </div>
  );
};
```

useStateContext는 상태 값과 변경 함수를 튜플로 반환한다는 점에 유의하자. 이는 useValue 가 반환하는 것과 동일하다.

다음으로, 두 번째 컴포넌트로 컨텍스트 상태에서 가져온 text 속성에 대한 입력 필드를 보여 주는 TextBox를 정의한다.

```
const TextBox = () => {
  const [state, setState] = useStateContext();
  const setText = (text: string) => {
    setState((prev) => ({ ...prev, text }));
  };

  return (
    <div>
      <input
        value={state.text}
        onChange={(e) => setText(e.target.value)}
      />
    </div>
  );
};
```

이번에도 useStateContext를 사용해 state 값과 setState 함수를 가져온다. setText 함수는 문자열을 인수로 받아 setState 함수를 호출한다.

마지막으로 Provider, Counter, TextBox 컴포넌트가 포함된 App 컴포넌트를 정의한다.

```
const App = () => (
  <Provider>
    <div>
```

```
      <Counter />
      <Counter />
      <TextBox />
      <TextBox />
    </div>
  </Provider>
);
```

이 애플리케이션은 어떻게 동작할까? 컨텍스트는 상태 객체를 전체적으로 처리하기 때문에 상태 객체가 변경되면 useContext가 리렌더링을 감지한다. 상태 객체에서 속성 하나만 변경되더라도 모든 useContext 혹은 리렌더링을 감지한다. 이는 Counter 컴포넌트에서 버튼을 클릭하면 상태 객체의 count 속성이 증가하고, 이로 인해 Counter와 TextBox 컴포넌트가 모두 리렌더링된다는 것을 의미한다. Counter 컴포넌트가 새로운 count 값으로 리렌더링되는 동안 TextBox 컴포넌트도 동일한 text 값으로 리렌더링된다. 이는 불필요한 리렌더링이다.

컨텍스트에서 불필요한 리렌더링 동작이 예상되고 이를 피하려면 더 작은 조각으로 분할해야 한다. 리액트 컨텍스트를 사용하는 모범 사례에 대해 자세히 알아보고 싶다면 3장 '리액트 컨텍스트를 이용한 컴포넌트 상태 공유'를 참고하자.

React Tracked를 사용한다면 어떤 모습일까? 이전 예제를 React Tracked를 사용해 고쳐보자. 먼저 React Tracked 라이브러리에서 createContainer 함수를 가져온다.

```
import { createContainer } from "react-tracked";
```

그런 다음 const useValue = () => useState({ count: 0, text: "hello" })로 정의된 useValue 훅을 사용해 createContainer 함수를 호출한다.

```
const { Provider, useTracked } = createContainer(useValue);
```

그 결과, Provider와 useTracked가 추출된다. Provider 컴포넌트는 이전 예제와 동일하게 사용할 수 있다. 마찬가지로 useTracked는 이전 예제에서 구현한 useStateContext와 동일하게 사용할 수 있다.

새롭게 등장한 useTracked 훅을 사용해 Counter 컴포넌트를 다음과 같이 바꾼다.

```
const Counter = () => {
  const [state, setState] = useTracked();
  const inc = () => {
    setState(
      (prev) => ({ ...prev, count: prev.count + 1 })
    );
  };

  return (
    <div>
      count: {state.count}
      <button onClick={inc}>+1</button>
    </div>
  );
};
```

useStateContext를 useTracked로 대체하기만 하면 된다. 나머지 코드는 동일하다. 마찬가지로 TextBox 컴포넌트도 바꿀 수 있다.

```
const TextBox = () => {
  const [state, setState] = useTracked();
  const setText = (text: string) => {
    setState((prev) => ({ ...prev, text }));
  };

  return (
    <div>
      <input
        value={state.text}
        onChange={(e) => setText(e.target.value)}
      />
    </div>
  );
};
```

유일한 변경 사항은 useStateContext를 useTracked로 대체했다는 것이다. App 컴포넌트는 이
전 예제와 완전히 동일하며, 새로운 Provider 컴포넌트를 사용한다.

```
const App = () => (
  <Provider>
    <div>
      <Counter />
      <Counter />
      <TextBox />
      <TextBox />
    </div>
  </Provider>
);
```

새롭게 만든 애플리케이션은 어떻게 동작할까? useTracked에 의해 반환된 state 객체는 추적
된다. 이는 useTracked 훅이 어떤 상태 속성에 접근했는지 기억한다는 의미다. useTracked 훅
은 접근된 속성이 변경된 경우에만 리렌더링을 감지한다. 따라서 Counter 컴포넌트에서 버튼
을 클릭하면 다음과 같이 Counter 컴포넌트만 리렌더링되고 TextBox 컴포넌트는 리렌더링되
지 않는다.

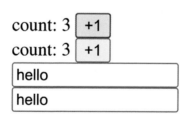

그림 10.1 React Tracked와 useState를 사용한 애플리케이션의 화면

변경한 것은 createContext 대신에 createContainer를 사용하고 useStateContext 대신에
useTracked를 사용했을 뿐이다. 그 결과, 리렌더링 최적화가 가능해졌다. 이것이 바로 상태 사
용 추적 기능이다.

createContainer 함수에 전달한 useValue 사용자 정의 훅처럼 useState와 같은 형태로 튜플
을 반환한다면 어떤 것을 사용하든 상관없다. 다음으로 useReducer와 함께 사용하는 다른 예
제를 살펴보자.

useReducer와 함께 React Tracked 사용하기

이번 예제에서는 useState 대신 useReducer를 사용한다. useReducer 혹은 useState보다 더 많은 기능을 가진 훅이지만, 대체로 문법적인 차이에 불과하다. 더 자세한 내용은 1장 '리액트 훅을 이용한 마이크로 상태 관리'의 'useState와 useReducer의 유사점과 차이점'을 참고하자.

> **useReducer 관련 중요 메모**
>
> useReducer 훅은 공식 리액트 훅이다. 이 훅은 상태를 갱신하는 데 사용되는 리듀서 함수를 받는다. 리듀서 함수는 리액트나 자바스크립트와 무관하게 사용할 수 있는 프로그래밍 패턴 중 하나로, 상태에 이 패턴을 적용하는 것이 useReducer 훅이다. Redux에 의해 리액트에서 리듀서 함수를 사용하는 것이 대중화되면서 useReducer는 Redux의 리듀서 패턴을 따른다. 그러나 useReducer 훅은 React Redux, 스토어 인핸서(store enhancer), 미들웨어와 같은 Redux의 다른 기능은 다루지 않으며, type 속성이 있는 객체여야 하는 Redux와 다르게 모든 종류의 액션을 허용한다.

새롭게 만들 useValue 훅은 useReducer와 useEffect를 사용한다. 리듀서 함수와 초기 상태를 통해 useReducer를 만들며, useEffect에서는 상태 값을 콘솔에 출력한다. 다음은 타입스크립트로 작성한 useValue 코드다.

```
const useValue = () => {
  type State = { count: number; text: string };
  type Action =
    | { type: "INC" }
    | { type: "SET_TEXT"; text: string };

  const [state, dispatch] = useReducer(
    (state: State, action: Action) => {
      if (action.type === "INC") {
        return { ...state, count: state.count + 1 };
      }
      if (action.type === "SET_TEXT") {
        return { ...state, text: action.text };
      }
      throw new Error("unknown action type");
    },
    { count: 0, text: "hello" }
```

```
  );

  useEffect(() => {
    console.log("latest state", state);
  }, [state]);

  return [state, dispatch] as const;
};
```

리듀서 함수는 INC 및 SET_TEXT 타입이 정의된 액션을 받는다. useEffect 혹은 로그 출력에 사용했지만 이런 용도로만 사용하지는 않는다. 예를 들어, 원격 리소스와 상호 작용할 수도 있다. useValue 혹은 state와 dispatch 튜플을 반환한다. 튜플이 이 구조에 따라 반환되기만 한다면 마음대로 훅을 구현해도 상관없다. 예를 들면, 두 개 이상의 useState 훅을 사용할 수도 있다.

새롭게 구현한 useValue 훅을 이용해 createContainer를 사용해 보자.

```
const { Provider, useTracked } = createContainer(useValue);
```

useValue를 변경하더라도 createContainer를 사용하는 방식은 바뀌지 않는다.

새로운 useTracked 훅을 사용해 Counter 컴포넌트를 구현해 보자.

```
const Counter = () => {
  const [state, dispatch] = useTracked();
  const inc = () => dispatch({ type: "INC" });

  return (
    <div>
      count: {state.count}
      <button onClick={inc}>+1</button>
    </div>
  );
};
```

useTracked는 useValue가 반환하는 것과 동일한 구조로 튜플을 반환하기 때문에 튜플의 두 번째 항목을 dispatch라는 이름으로 지정했다. dispatch는 액션을 디스패치하는 함수다. Counter 컴포넌트는 INC 액션을 디스패치한다.

다음으로 TextBox 컴포넌트를 정의한다.

```
const TextBox = () => {
  const [state, dispatch] = useTracked();
  const setText = (text: string) => {
    dispatch({ type: "SET_TEXT", text });
  };

  return (
    <div>
      <input
        value={state.text}
        onChange={(e) => setText(e.target.value)}
      />
    </div>
  );
};
```

마찬가지로 dispatch 함수는 SET_TEXT 액션을 실행하기 위해 사용된다.

마지막으로 App 컴포넌트를 정의한다.

```
const App = () => (
  <Provider>
    <div>
      <Counter />
      <Counter />
      <TextBox />
      <TextBox />
    </div>
  </Provider>
);
```

새로운 App 컴포넌트의 동작 방식은 이전 컴포넌트와 완전히 동일하다. useState와 useReducer를 사용한 예제의 차이점은 useValue는 state와 dispatch가 담긴 튜플을 반환하므로 useTracked도 state와 dispatch가 담긴 튜플을 반환한다는 점이다.

React Tracked가 리렌더링을 최적화할 수 있는 이유는 상태 사용 추적뿐만 아니라 use-context-selector[5]라는 내부 라이브러리 덕분이다. 이 라이브러리의 selector 함수를 사용해 컨텍스트 값을 구독할 수 있다. 이 구독을 통해 리액트 컨텍스트의 제약을 우회한다.

이번 절에서는 순수한 리액트 컨텍스트를 사용한 기본 예제와 useState와 useReducer를 React Tracked와 함께 사용하는 두 가지 예제를 살펴봤다. 다음 절에서는 use-context-selector 없이 상태 사용 추적 기능을 사용하는 React Redux와 React Tracked를 함께 사용하는 방법을 알아보겠다.

React Redux와 함께 React Tracked 사용하기

앞에서 설명한 것처럼 React Tracked는 주로 리액트 컨텍스트를 대체하는 용도로 사용된다. 이는 내부적으로 use-context-selector를 사용해 처리된다.

React Tracked는 리액트 컨텍스트를 사용하지 않는 경우를 위해 createTrackedSelector라는 저수준 함수를 제공한다. 이 함수는 useSelector라는 훅을 받아 useTrackedState라는 훅을 반환한다.

```
const useTrackedState = createTrackedSelector(useSelector);
```

useSelector는 선택자 함수를 받아 선택자 함수의 결과를 반환하는 훅이다. 결과가 변경된 경우 리렌더링을 발생시킨다. useTrackedState는 상태 사용을 추적하기 위해 전체 상태를 프락시로 감싸서 반환하는 훅이다.

React Redux를 사용한 구체적인 예제를 살펴보자. React Redux는 useSelector 훅을 제공하며, 이를 createTrackedSelector에 적용하는 것은 간단하다.

---

5 https://github.com/dai-shi/use-context-selector

> **React Redux에 대한 중요 메모**
>
> React Redux는 내부적으로 리액트 컨텍스트를 사용하지만 상태 값을 전파하는 데는 컨텍스트를 사용하지 않는다. 의존성 주입에는 리액트 컨텍스트를 사용하지만 상태 전파는 구독을 통해 이뤄진다. React Redux의 useSelector는 선택자의 결과가 변경된 경우에만 리렌더링하도록 최적화돼 있다. 이 책을 집필하는 시점을 기준으로 컨텍스트를 통한 전파는 불가능하다. 많은 라이브러리가 동일한 접근 방식을 선택했으며, 실제로 use-context-selector도 같은 접근 방식을 선택했다.

먼저 `redux`, `react-redux`, `react-tracked` 라이브러리에서 일부 함수를 가져온다.

```
import { createStore } from "redux";
import {
  Provider,
  useDispatch,
  useSelector,
} from "react-redux";
import { createTrackedSelector } from "react-tracked";
```

앞의 `redux`와 `react-redux`를 통해 가져온 것은 일반적인 React Redux 설정을 위한 것이며, `react-tracked`를 통해 가져온 것은 추가로 작성한 것이다.

다음으로 `initialState`와 `reducer`를 통해 Redux 스토어를 정의한다.

```
type State = { count: number; text: string };
type Action =
  | { type: "INC" }
  | { type: "SET_TEXT"; text: string };

const initialState: State = { count: 0, text: "hello" };
const reducer = (state = initialState, action: Action) => {
  if (action.type === "INC") {
    return { ...state, count: state.count + 1 };
  }
  if (action.type === "SET_TEXT") {
    return { ...state, text: action.text };
  }
  return state;
```

```
};
```

```
const store = createStore(reducer);
```

위 코드는 Redux 스토어를 만드는 전형적인 방법 중 하나다. 이 방법은 React Tracked와는 아무런 관련이 없으며, 다른 방법으로 Redux 스토어를 생성해도 무관하다.

createTrackedSelector를 사용하면 react-redux에서 가져온 useSelector 훅을 이용해 useTrackedState 훅을 생성할 수 있다.

```
const useTrackedState = createTrackedSelector<State>(useSelector);
```

<State>로 훅의 타입을 명시적으로 지정해야 한다.

이제 useTrackedState를 사용해 다음과 같이 Counter 컴포넌트를 정의한다.

```
const Counter = () => {
  const dispatch = useDispatch();
  const { count } = useTrackedState();
  const inc = () => dispatch({ type: "INC" });

  return (
    <div>
      count: {count} <button onClick={inc}>+1</button>
    </div>
  );
};
```

useTrackedState 줄을 제외하면 일반적인 React Redux 사용 패턴과 비슷할 것이다. React Redux만 사용한다면 다음과 같이 작성해도 된다.

```
const count = useSelector((state) => state.count);
```

미미한 차이점으로 보일 수도 있지만 useSelector를 사용하면 개발자가 리렌더링 최적화를 위해 더 세세하게 제어할 수 있고 책임도 많아지게 된다. 반면 useTrackedState를 사용하면 훅이 자동으로 리렌더링을 제어한다.

마찬가지로 **TextBox** 컴포넌트를 다음과 같이 구현할 수 있다.

```
const TextBox = () => {
  const dispatch = useDispatch();
  const state = useTrackedState();
  const setText = (text: string) => {
    dispatch({ type: "SET_TEXT", text });
  };

  return (
    <div>
      <input
        value={state.text}
        onChange={(e) => setText(e.target.value)}
      />
    </div>
  );
};
```

이번에도 자동 렌더링 최적화를 위해 **useSelector** 대신 **useTrackedState**를 사용했다. 자동 렌더링 최적화가 얼마나 유용한지 설명하기 위해 **TextBox** 컴포넌트가 부울 값인 **showCount** 속성을 사용해 **state**의 count 값을 표시한다고 가정해 보자. 다음과 같이 **TextBox** 컴포넌트를 수정할 수 있다.

```
const TextBox = ({ showCount }: { showCount: boolean }) => {
  const dispatch = useDispatch();
  const state = useTrackedState();
  const setText = (text: string) => {
    dispatch({ type: "SET_TEXT", text });
  };

  return (
    <div>
      <input
        value={state.text}
        onChange={(e) => setText(e.target.value)}
```

```
      />
      {showCount && <span>{state.count}</span>}
    </div>
  );
};
```

useTrackedState에 대한 코드는 전혀 변경하지 않았다. 하나의 useSelector로는 동일한 동작을 구현하는 것이 어려울 수 있다.

마지막으로 모든 컴포넌트를 보여주는 App 컴포넌트를 정의한다.

```
const App = () => (
  <Provider store={store}>
    <div>
      <Counter />
      <Counter />
      <TextBox />
      <TextBox />
    </div>
  </Provider>
);
```

이는 React Tracked 없이 React Redux를 사용하는 것과 완전히 동일하다. 이 애플리케이션에서는 리렌더링이 최적화돼 있으므로 버튼을 클릭하면 다음과 같이 Counter 컴포넌트만 리렌더링되고 TextBox 컴포넌트는 리렌더링되지 않는다.

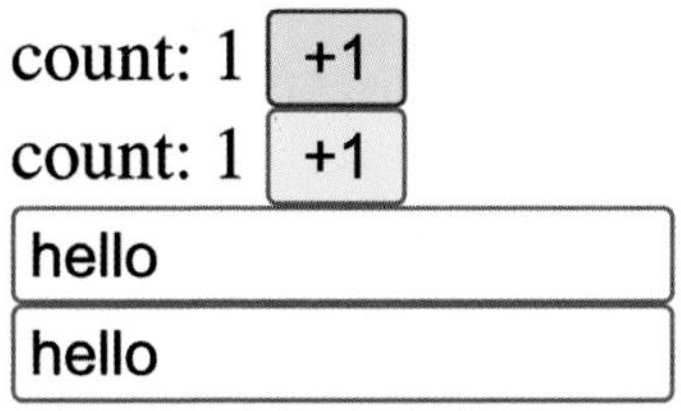

그림 10.2 React Tracked와 React Redux를 사용한 애플리케이션의 화면

이번 절에서는 리액트 컨텍스트를 사용하지 않고 React Tracked를 사용하는 방법을 배웠다. 다음 절에서는 리액트의 향후 버전에서 React Tracked를 어떻게 사용할 수 있는지 알아본다.

향후 전망

React Tracked 구현은 두 개의 내부 라이브러리에 의존한다.

- proxy-compare[6]
- use-context-selector[7]

'useState, useReducer와 함께 React Tracked 사용하기'와 'React Redux와 함께 React Tracked 사용하기'에서 다룬 것처럼 React Tracked를 사용하는 방법은 두 가지다. 첫 번째 방법은 리액트 컨텍스트에서 createContainer를 사용하는 것이고, 두 번째 방법은 React Redux에서 createTrackedSelector를 사용하는 것이다. 이것의 기반이 되는 함수는 proxy-compare 라이브러리로 구현된 createTrackedSelector다. createContainer 함수는 createTrackedSelector와 use-context-selector 라이브러리로 구현된 한 단계 더 추상화된 함수다.

React Tracked에서 컨텍스트를 사용하는 경우 use-context-selector 라이브러리가 중요하다. use-context-selector는 useContextSelector 훅을 제공한다. 3장 '리액트 컨텍스트를 이용한 컴포넌트 상태 공유'의 '컨텍스트 이해하기'에서 다룬 것처럼 리액트 컨텍스트는 컨텍스트 값이 변경되면 모든 소비자 컴포넌트가 리렌더링되도록 설계됐다. 이러한 컨텍스트 동작 방식을 개선하기 위해 useContextSelector 훅이 제안됐다. use-context-selector 라이브러리는 제안된 useContextSelector 훅을 최대한 모방하는 라이브러리다.

이 책을 쓰는 시점에는 불확실하지만, 향후 리액트에서 useContextSelector 또는 유사한 형태의 구현체가 등장할 가능성이 있다. 이 경우 React Tracked는 use-context-selector 라이브러리에서 네이티브 useContextSelector로 쉽게 마이그레이션하는 것이 가능하다. 이로 인해 리액트와 완벽한 호환성을 제공할 것으로 기대할 수 있다.

---

6 https://github.com/dai-shi/proxy-compare
7 https://github.com/dai-shi/use-context-selector

React Tracked 구현에서 `use-context-selector`를 추상화하면 마이그레이션을 쉽게 할 수 있다. 향후 리액트가 공식적으로 `useContextSelector` 혹을 지원한다면 React Tracked는 공개된 API를 변경하지 않고도 마이그레이션할 수 있다. 이러한 구현 설계에서 `createTrackedSelector`는 React Tracked에서 선택자를 받아 직접 전역 상태를 만들어 관리하기 위한 함수이고, `createContainer`는 리액트 컨텍스트 사용을 대체하기 위해 `createContext`를 한 번 감싼 함수다. 두 함수를 모두 내보내면 두 가지 용도로 모두 사용할 수 있다.

이번 절에서는 React Tracked의 구현 설계와 향후 출시될 리액트로 어떻게 마이그레이션할 수 있는지 알아봤다.

옮긴이 메모

이 책에서 설명하는 `useContextSelector`에 대한 논의는 https://github.com/reactjs/rfcs/pull/119 에서 확인할 수 있다. 2019년 7월에 처음 논의가 시작됐으며, 2021년 1월에 풀 리퀘스트가 올라왔지만 머지 여부는 불투명하다. 풀 리퀘스트는 다음 URL에서 확인할 수 있다.

- https://github.com/facebook/react/pull/20646

정리

이번 장에서는 React Tracked 라이브러리에 대해 알아봤다. 이 라이브러리는 두 가지 목적을 가지고 있다. 하나는 리액트 컨텍스트의 사용 사례를 대체하는 것이다. 다른 하나는 React Redux 같은 다른 라이브러리에서 제공하는 선택자 혹을 향상시키는 것이다.

엄격하게 말하자면 React Tracked 라이브러리는 전역 상태 라이브러리가 아니다. 이 라이브러리는 `useState`나 `useReducer` 또는 Redux와 함께 사용해야 한다. React Tracked가 제공하는 것은 리렌더링을 최적화하는 기능뿐이다.

다음 장에서는 이 책에서 다룬 세 가지 전역 상태 라이브러리인 Zustand, Jotai, Valtio를 비교하고 전역 상태 패턴을 논의하면서 이 책을 마무리한다.

11

세 가지 전역 상태 라이브러리의 유사점과
차이점

앞에서 Zustand, Jotai, Valtio라는 세 가지 전역 상태 라이브러리를 소개했다. 이번 장에서는 세 라이브러리의 유사점과 차이점을 알아본다. 이 세 가지 라이브러리는 몇 가지 비슷한 특징을 가지고 있다.

Zustand는 사용법과 스토어 모델 측면에서 Redux(혹은 React Redux)와 유사하지만 Redux와 달리 리듀서를 기반으로 하지 않는다.

Jotai는 API 측면에서 Recoil[1]과 유사하지만 선택자 기반이 아니고 렌더링 최적화를 위한 최소한의 API를 제공하는 것이 목표다.

Valtio는 변경 가능한 갱신 모델 측면에서 MobX와 조금 유사하지만 렌더링 최적화 구현 방식이 매우 다르다.

세 라이브러리는 모두 마이크로 상태 관리에 적합한 기본 기능을 제공하지만 코딩 스타일과 렌더링 최적화에 대한 접근 방식이 다르다.

이번 장에서는 각 라이브러리를 비교 가능한 라이브러리끼리 묶어서 살펴본 다음 세 라이브러리 간의 유사점과 차이점을 알아보겠다.

---

1 https://recoiljs.org

이번 장에서는 다음과 같은 주제를 다룬다.

- Zustand와 Redux의 차이점

- Jotai와 Recoil의 사용 시점

- Valtio와 MobX 사용

- Zustand, Jotai, Valtio 비교

기술 요구사항

리액트와 리액트 훅에 대한 적절한 지식이 필요하다. 자세한 내용은 공식 사이트(https://reactjs.org)를 참고한다.

이번 장의 코드 일부는 타입스크립트(https://www.typescriptlang.org)를 사용하므로 이에 대한 기본 지식이 필요하다.

이번 장의 코드는 다음 깃허브 저장소에서 확인할 수 있다.

- https://github.com/wikibook/msmrh/tree/main/chapter11

이번 장의 코드를 실행하려면 Create React App(https://create-react-app.dev) 또는 CodeSandbox(https://codesandbox.io) 같은 리액트를 실행할 수 있는 환경이 필요하다.

Zustand와 Redux의 차이점

일부 사용 사례에서 Zustand와 Redux에 대한 개발자의 경험은 비슷할 수 있다. 두 라이브러리 모두 단방향 데이터 흐름을 기반으로 한다. 단방향 데이터 흐름에서는 상태를 갱신하라는 명령을 나타내는 action을 실행하고 action을 통해 상태가 갱신된 후에 새로운 상태가 필요한 곳으로 전파된다. 디스패치와 전파를 분리하는 것은 데이터의 흐름을 단순화하고 전체 시스템을 더 예측 가능하게 만든다.

Zustand와 Redux는 상태를 갱신하는 방법에 차이가 있다. Redux는 리듀서에 기반한다. 리듀서는 이전 상태와 action 객체를 받아 새로운 상태를 반환하는 순수 함수다. 리듀서를 사용해 상태를 갱신하는 것은 엄격한 방법이지만 예측 가능성이 더 높다. Zustand에서는 반드시 리듀서를 사용해 상태를 갱신할 필요는 없다.

이번 절에서는 Redux 예제를 Zustand로 변경하면서 비교해 보고 두 방식의 차이점을 살펴본다.

Redux와 Zustand를 사용한 예제

공식 Redux 튜토리얼 중 하나를 살펴보자. 이는 Redux Toolkit[2]을 이용한 최신 리덕스 사용법이다.

Redux 스토어를 생성하려면 Redux Toolkit 라이브러리의 configureStore를 사용하면 된다.

```
// src/app/store.js
import { configureStore } from "@reduxjs/toolkit";
import counterReducer from "../features/counter/counterSlice";

export const store = configureStore({
  reducer: {
    counter: counterReducer,
  },
});
```

configureStore 함수는 리듀서를 인수로 받아 store를 반환한다. 여기서는 counterReducer라는 리듀서 하나를 사용한다.

counterReducer는 Redux Toolkit 라이브러리의 createSlice를 사용해 별도의 파일에 정의된다. 먼저 createSlice를 가져오고 initialState를 정의한다.

---

2 https://redux-toolkit.js.org/tutorials/quick-start

```
// features/counter/counterSlice.js
import { createSlice } from "@reduxjs/toolkit";

const initialState = {
  value: 0,
};
```

그런 다음 createSlice와 initialState를 사용해 counterSlice를 정의한다.

```
export const counterSlice = createSlice({
  name: "counter",
  initialState,
  reducers: {
    increment: (state) => {
      state.value += 1;
    },
    decrement: (state) => {
      state.value -= 1;
    },
    incrementByAmount: (
      state,
      action: PayloadAction<number>
        ) => {
      state.value += action.payload;
    },
  },
});
```

createSlice 함수로 생성한 counterSlice는 리듀서와 액션을 모두 포함한다. 이를 쉽게 가져올 수 있도록 리듀서와 액션 속성을 추출해서 따로 내보낼 수 있다.

```
export const {
  increment,
  decrement,
  incrementByAmount
} = counterSlice.actions;
export default counterSlice.reducer;
```

다음으로 생성된 스토어를 사용하는 Counter 컴포넌트를 만든다. 먼저 react-redux 라이브러리에서 두 개의 훅과 counterSlice 파일에서 두 개의 액션을 가져온다.

```jsx
// features/counter/Counter.jsx
import { useSelector, useDispatch } from "react-redux";
import { decrement, increment } from "./counterSlice";
```

그런 다음 Counter 컴포넌트를 정의한다.

```jsx
export function Counter() {
  const count = useSelector((
    state: { counter: { value: number; }; }
  ) => state.counter.value);
  const dispatch = useDispatch();

  return (
    <div>
      <button onClick={() => dispatch(increment())}>
        Increment
      </button>
      <span>{count}</span>
      <button onClick={() => dispatch(decrement())}>
        Decrement
      </button>
    </div>
  );
}
```

이 컴포넌트는 React Redux 라이브러리의 useSelector와 useDispatch 훅을 사용한다. selector 함수를 사용해 스토어 상태에서 count 값을 가져올 수 있다. 이 컴포넌트는 생성된 스토어를 직접 사용하지 않는다는 것에 주목하자. useSelector 훅은 컨텍스트에서 스토어를 가져온다.

마지막으로 App 컴포넌트를 정의한다.

```
// App.jsx
import { Provider } from "react-redux";
import { store } from "./app/store";
import { Counter } from "./features/counter/Counter";

const App = () => (
  <Provider store={store}>
    <div>
      <Counter />
      <Counter />
    </div>
  </Provider>
);

export default App;
```

생성한 store 변수를 Provider 컴포넌트로 전달한다. 이를 통해 Counter 컴포넌트의 useSelector 혹이 store에 접근할 수 있게 된다.

다음 그림과 같이 애플리케이션이 예상대로 동작한다. App 컴포넌트에 두 개의 Counter 컴포넌트가 있고 두 컴포넌트는 동일한 count 값을 공유한다.

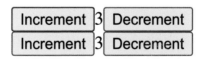

그림 11.1 Redux를 사용한 애플리케이션의 화면

이제 Zustand에서 똑같이 구현하는 방법을 살펴보자.

먼저 Zustand 라이브러리의 create 함수를 사용해 스토어를 생성한다. Zustand 라이브러리를 불러오는 것으로 시작한다.

```
// store.js
import create from "zustand";
```

다음과 같이 타입스크립트를 위해 State 타입을 정의한다.

```
type State = {
  counter: {
    value: number;
  };
  counterActions: {
    increment: () => void;
    decrement: () => void;
    incrementByAmount: (amount: number) => void;
  };
};
```

다음으로 스토어를 정의한다. Zustand에서는 useStore라는 훅이 스토어를 나타낸다.

```
export const useStore = create<State>((set) => ({
  counter: { value: 0 },
  counterActions: {
    increment: () =>
      set((state) => ({
        counter: { value: state.counter.value + 1 },
      })),
    decrement: () =>
      set((state) => ({
        counter: { value: state.counter.value - 1 },
      })),
    incrementByAmount: (amount: number) =>
      set((state) => ({
        counter: { value: state.counter.value + amount },
      })),
  },
}));
```

이렇게 상태와 액션 모두 store에 정의할 수 있다. 리듀서 로직은 액션의 함수 내부에서 구현된다.

다음으로, 생성된 store를 사용하는 Counter 컴포넌트를 정의한다.

```
// Counter.jsx
import { useStore } from "./store";

export function Counter() {
  const count = useStore((state) => state.counter.value);
  const { increment, decrement } = useStore(
    (state) => state.counterActions
  );

  return (
    <div>
      <div>
        <button onClick={increment}>Increment</button>
        <span>{count}</span>
        <button onClick={decrement}>Decrement</button>
      </div>
    </div>
  );
}
```

useStore 훅을 사용해 count 값과 count 값을 갱신하는 액션을 가져온다. useStore 훅은 직접 store 파일에 접근해서 가져온다는 것에 주목하자.

마지막으로 다음과 같이 App 컴포넌트를 정의한다.

```
// App.jsx
import { Counter } from "./Counter";

const App = () => (
  <div>
    <Counter />
    <Counter />
  </div>
);

export default App;
```

컨텍스트를 사용하지 않았기 때문에 공급자 컴포넌트가 필요하지 않다. 이제 Redux와 Zustand를 비교해 보자.

Redux와 Zustand 예제 비교

'Redux와 Zustand를 사용한 예제'에서의 구현 두 가지는 몇 가지 공통적인 개념을 공유하지만 다음과 같은 주목할 만한 차이점이 있다.

- Redux와 Zustand를 사용하는 두 예제에서 가장 큰 차이점 중 하나는 디렉터리 구조다. 최신 Redux는 features 디렉터리 구조를 제안하며, createSlice 함수는 기능 디렉터리 패턴을 따르도록 설계됐다. 이것은 대규모 애플리케이션에 유용한 패턴이다. 반면 Zustand는 구조에 대한 의견을 제시하지 않는다. Zustand에서 파일과 디렉터리를 어떻게 구성할지는 개발자의 몫이다. Zustand에서도 features 디렉터리를 따를 수 있지만, 라이브러리에서 특별히 지원하는 것은 없다. Zustand 예제에서 counterActions를 사용한 패턴을 보여주지만 이는 사용 가능한 하나의 패턴일 뿐이다.

- 스토어 생성 코드의 또 다른 차이점은 Immer[3]를 사용한다는 점이다. Immer는 state.value += 1;과 같은 변경을 허용한다. 최신 Redux는 기본적으로 Immer를 사용한다. Zustand는 Immer를 사용하지 않으며 이 예제에서도 사용하지 않는다. Zustand에서 Immer를 사용하는 것은 선택 사항이다.

- 상태 전파 측면에서 Redux는 컨텍스트를 사용하고, Zustand는 모듈 임포트를 사용한다. 컨텍스트는 런타임에 스토어를 주입할 수 있기 때문에 일부 사용 사례에서는 더 효과적이다. Zustand는 컨텍스트 사용을 선택적으로 지원한다.

- 가장 중요한 것은 Redux Toolkit은 Redux를 기반으로 하며, Redux는 단방향 데이터 흐름을 기반으로 한다는 점이다. 따라서 Redux에서 상태를 갱신하려면 액션을 디스패치해야 한다. 이러한 제한은 때때로 유지보수성과 확장성에 도움이 된다. Zustand는 데이터 흐름 측면에 대한 의견을 제시하지 않으며 단방향 데이터 흐름에 사용할 수 있지만 라이브러리 지원이 없으므로 개발자가 모든 것을 처리해야 한다.

요약하면, 최신 Redux는 상태를 어떻게 관리할지에 대해 더 많은 의견을 제시하지만 Zustand는 적극적인 의견을 제시하지 않는다. 결국 Zustand는 최소한의 라이브러리인 반면에 Redux와 그 제품군은 모든 기능을 갖춘 라이브러리다. 최신 Redux와 Zustand의 사용법은 비슷해 보이지만 그 배경에 놓인 철학은 다르다.

---

3 https://immerjs.github.io/immer/

이번 절에서는 최신 Redux와 Zustand를 비교했다. 다음 절에서는 Recoil과 Jotai를 비교해 보겠다.

Jotai와 Recoil을 사용하는 시점

Jotai의 API는 Recoil에서 많은 영감을 받았다. 처음에는 의도적으로 Recoil에서 Jotai로 마이그레이션하는 데 도움이 되도록 설계됐다. 이번 절에서는 Recoil 예제를 Jotai로 변환하면서 비교해보겠다. 그런 다음 Recoil과 Jotai의 차이점을 살펴본다.

Recoil과 Jotai 예제

Recoil 튜토리얼 예제[4]가 어떻게 Jotai로 변환되는지 살펴보자.

Recoil 예제를 만들려면 Recoil 라이브러리에서 몇 가지 함수를 가져와야 한다.

```
import {
  RecoilRoot,
  atom,
  selector,
  useRecoilState,
  useRecoilValue,
} from "recoil";
```

이 예제에서는 다섯 개의 함수를 사용하겠다.

텍스트 문자열을 위한 첫 번째 상태는 atom 함수를 사용해 생성할 수 있다.

```
const textState = atom({
  key: "textState",
  default: "",
});
```

4　https://recoiljs.org/docs/introduction/getting-started

이때 key 문자열과 defalut 값이라는 두 가지 속성이 필요하다.

정의한 상태를 사용하려면 useRecoilState 훅을 사용하면 된다.

```
const TextInput = () => {
  const [text, setText] = useRecoilState(textState);

  return (
    <div>
      <input
        type="text"
        value={text}
        onChange={(event) => {
          setText(event.target.value);
        }}
      />
      <br />
      Echo: {text}
    </div>
  );
};
```

useRecoilState는 useState와 동일한 값을 반환한다. 따라서 나머지 코드는 익숙할 것이다.

두 번째로 파생 상태를 만들겠다. 파생 상태를 정의하기 위해 selector 함수를 사용한다.

```
const charCountState = selector({
  key: "charCountState",
  get: ({ get }) => get(textState).length,
});
```

두 가지 속성인 key 문자열과 get 함수가 필요하다. get 속성은 파생 값을 반환하는 함수다. get 속성 내의 다른 get 함수는 다른 atom 및 selector 함수에 의해 생성된 다른 상태의 값을 반환한다.

두 번째 상태를 사용하려면 상태의 값 부분만 반환하는 `useRecoilValue` 혹을 사용하면 된다.

```
const CharacterCount = () => {
  const count = useRecoilValue(charCountState);
  return <>Character Count: {count}</>;
};
```

`charCountState`가 파생돼 있기 때문에 이 컴포넌트는 `textState`가 변경되면 리렌더링된다.

`CharacterCounter` 컴포넌트는 이미 구현한 두 컴포넌트를 사용하기 위해 다음과 같이 정의한다.

```
const CharacterCounter = () => (
  <div>
    <TextInput />
    <CharacterCount />
  </div>
);
```

마지막으로 App 컴포넌트를 정의한다.

```
const App = () => (
  <RecoilRoot>
    <CharacterCounter />
  </RecoilRoot>
);
```

App 컴포넌트에서는 상태 값을 저장하는 `RecoilRoot` 컴포넌트를 사용한다.

다음 그림에 표시된 것처럼 이 애플리케이션은 다음과 같이 동작한다. 텍스트 필드에 무언가를 입력하면 해당 텍스트가 텍스트 필드 아래에 출력되며 문자 수도 함께 출력된다.

그림 11.2 Recoil을 사용한 애플리케이션의 화면

이제 이 예제 코드를 Jotai로 변환해 보자.

먼저 Jotai 라이브러리에서 두 개의 함수를 가져와야 한다.

```
import { atom, useAtom } from "jotai";
```

Jotai의 API는 가능한 최소한의 사용을 지향하며, 최소한의 사용을 위해 두 가지 함수가 필요하다. 텍스트 문자열을 위한 첫 번째 아톰은 atom 함수로 생성된다.

```
const textAtom = atom("");
```

Jotai는 key 문자열이 필요하지 않기 때문에 default만 있다는 점을 제외하면 Recoil과 거의 동일하다. 변수 이름 뒤에 State 대신 Atom을 접미사로 사용하는 것은 관례로, 기술적으로는 전혀 중요하지 않다.

앞에서 정의한 아톰을 사용하기 위해 useAtom 함수를 사용한다.

```
const TextInput = () => {
  const [text, setText] = useAtom(textAtom);

  return (
    <div>
      <input
        type="text"
        value={text}
        onChange={(event) => {
          setText(event.target.value);
        }}
      />
      <br />
      Echo: {text}
    </div>
  );
};
```

useAtom 함수는 useState와 같은 방식으로 작동하며, 코드의 나머지 부분은 useState에 익숙한 사람들에게는 익숙할 것이다.

두 번째 아톰은 파생 아톰으로, atom 함수를 통해 만들 수 있다.

```
const charCountAtom = atom((get) => get(textAtom).length);
```

이러한 경우 atom 함수에 함수를 전달한다. 전달된 내부 함수가 파생된 값을 계산한다.

두 번째 아톰을 사용하려면 다시 useAtom 함수를 사용하면 된다.

```
const CharacterCount = () => {
  const [count] = useAtom(charCountAtom);
  return <>Character Count: {count}</>;
};
```

[count]로 반환된 값의 첫 번째 부분을 가져와야 한다. 그 이외에는 코드와 동작이 Recoil과 유사하다.

CharacterCounter 컴포넌트는 이미 구현한 두 컴포넌트를 사용하기 위해 다음과 같이 정의한다.

```
const CharacterCounter = () => (
  <div>
    <TextInput />
    <CharacterCount />
  </div>
);
```

마지막으로 App 컴포넌트를 정의한다.

```
const App = () => (
  <>
    <CharacterCounter />
  </>
);
```

Jotai에서는 Provider 컴포넌트를 필요로 하지 않는다. Recoil 예제에서 Jotai 예제로의 변환은 대부분 문법이 다른 것뿐이며, 동작 방식은 동일하다.

이제 몇 가지 차이점을 살펴보자.

Recoil과 Jotai 예제 비교

예제에서 사용하지 않은 기능 측면에서는 많은 차이점이 있지만 예제에서 보여준 범위 내에서만 살펴보자.

- 가장 큰 차이점은 key 문자열의 존재다. Jotai를 개발하는 큰 동기 중 하나는 key 문자열을 생략하는 것이다. 이 기능 덕분에 Recoil의 atom인 ({ key: 'textState', default: '' }) 아톰 정의가 Jotai에서는 atom('')으로 될 수 있다. 기술적으로는 간단해 보이지만 개발자 경험에서 큰 차이가 있다. 코딩에서 네이밍은 어려운 작업 중 하나이며, 특히 key 속성은 고유해야 하기에 더 어렵다. 구현 측면에서 Jotai는 WeakMap을 활용하고 아톰 객체의 참조에 의존한다. 반면 Recoil은 객체 참조에 의존하지 않는 key 문자열을 기반으로 한다. key 문자열의 장점은 직렬화[5]가 가능하다는 것이다. 이를 통해 직렬화를 필요로 하는 지속성[6]을 쉽게 구현할 수 있다. Jotai에서 직렬화를 처리하려면 몇 가지 기법이 필요할 것이다.

- key 문자열과 관련된 또 다른 차이점은 통합된 atom 함수다. Jotai의 atom 함수는 Recoil의 atom과 selector 두 가지 모두를 대체한다. 그러나 이 방법에는 단점이 있다. 이는 모든 것을 표현하는 것이 불가능하고 다른 사용 사례를 지원하기 위해 Jotai의 다른 함수가 필요할 수 있다는 것이다.

- 마지막으로 Jotai의 공급자 제거 모드(provider-less mode)는 Provider 컴포넌트를 생략할 수 있게 해주는 기능이다. 기술적으로 간단하지만 라이브러리를 사용하는 데 필요한 정신적인 장벽을 낮춰주는 개발자 친화적인 기능이다.

기본적인 기능은 Recoil과 Jotai 모두 동일하며, 개발자는 요구사항이나 API에 대한 선호도에 따라 선택하면 된다. Jotai의 API는 Zustand와 마찬가지로 최소한의 기능만 제공한다.

이번 절에서는 Recoil과 Jotai를 비교했다. 다음으로 MobX와 Valtio를 비교해 보자.

---

5 (옮긴이) JSON.stringify를 이용해 객체를 문자열로 만드는 것을 말한다.
6 (옮긴이) localStorage, sessionStorage 혹은 그와 유사한 기능을 이용해 상태를 지속적으로 보관하는 것을 말한다.

Valtio와 MobX 사용하기

철학은 다르지만 Valtio와 MobX[7]도 비교될 때가 많다. 사용법 측면에서 리액트에 통합하는 것과 관련해서 Valtio와 MobX 간에 몇 가지 유사한 점이 있다. 둘 다 변경 가능한 상태를 기반으로 하며, 개발자가 직접 상태를 변경할 수 있기 때문에 사용법이 비슷하다. 자바스크립트는 변경 가능한 객체를 기반으로 하므로 객체를 변경하는 문법은 매우 자연스럽고 간결하다. 이는 불변 상태와 비교했을 때 변경 가능한 상태에 대해서는 커다란 이점이다.

반면 렌더링을 최적화하는 방법에 차이가 있다. 렌더링 최적화를 위해 Valtio는 훅을 사용하는 반면, MobX 리액트는 고차 컴포넌트(higher-order component; HoC)[8]를 사용한다.

이번 절에서는 간단한 MobX 예제를 Valtio로 변환해 본다. 그런 다음 둘의 차이점을 살펴보겠다.

> **중요 메모**
>
> 개념적으로 Valtio는 Immer[9]와 비슷하다. 둘 다 불변 상태와 변경 가능한 상태를 연결하려고 한다. Valtio는 변경 가능한 상태를 기반으로 하고 상태를 불변한 상태로 변환하지만 Immer는 불변 상태를 기반으로 하며 변경 가능한 상태를 일시적으로 사용한다.

MobX, Valtio 관련 예제

여기서는 MobX의 문서에서 예제를 가져오겠다. 예제는 다음 URL에서 볼 수 있다.

- https://mobx.js.org/README.html#a-quick-example

먼저 MobX 라이브러리에서 몇 가지 함수를 가져오자.

```
import { makeAutoObservable } from "mobx";
import { observer } from "mobx-react";
```

---

7 https://mobx.js.org
8 https://reactjs.org/docs/higher-order-components.html
9 https://immerjs.github.io/immer/

MobX 라이브러리는 프레임워크에 구애받지 않으므로 리액트 관련 함수는 MobX React 라이브러리에서 가져온다.

다음 단계로, 타이머에 대한 비즈니스 로직을 정의한다. 우선 클래스를 생성하고 인스턴스를 만든다.

```
class Timer {
  secondsPassed = 0;

  constructor() {
    makeAutoObservable(this);
  }

  increase() {
    this.secondsPassed += 1;
  }

  reset() {
    this.secondsPassed = 0;
  }
}

const myTimer = new Timer();
```

myTimer 객체는 하나의 속성과 속성을 변경하는 두 개의 함수를 가진다. makeAutoObservable 은 myTimer 인스턴스를 관찰 가능한 객체로 만드는 데 사용된다.

이를 통해 코드 어디에서나 상태 변경 함수를 호출할 수 있다. 예를 들어, 인터벌을 설정해 보자.

```
setInterval(() => {
  myTimer.increase();
}, 1000);
```

이렇게 하면 1초마다 secondsPassed 속성이 증가할 것이다.

이제 `timer`를 사용할 컴포넌트를 만들어 보자.

```
const TimerView = observer(({ timer }: { timer: Timer }) => (
  <button onClick={() => timer.reset()}>
    Seconds passed: {timer.secondsPassed}
  </button>
));
```

`observer` 함수는 고차 컴포넌트다. 이 함수는 렌더링 함수에서 `timer.secondsPassed`가 사용됐다는 것을 알고 `timer.secondsPassed`가 변경될 때마다 리렌더링을 발생시킨다.

마지막으로 App 컴포넌트에 `myTimer` 인스턴스를 사용하는 `TimerView` 컴포넌트를 넣어보자.

```
const App = () => (
  <>
    <TimerView timer={myTimer} />
  </>
);
```

그럼 그림 11.3에서 볼 수 있듯이 애플리케이션을 실행하면 초 단위로 경과한 시간을 보여주는 버튼이 나타난다. 버튼 레이블은 1초마다 변경된다. 이 버튼을 클릭하면 숫자가 초기화된다.

Seconds passed: 7

그림 11.3 MobX를 사용한 애플리케이션의 화면

Valtio로 구현하면 어떻게 될까? 같은 예제를 Valtio로 구현해 보자. 먼저 Valtio 라이브러리에서 두 개의 함수를 가져온다.

```
import { proxy, useSnapshot } from "valtio";
```

Valtio는 리액트를 위한 라이브러리이지만 리액트가 아닌 경우에도 사용할 수 있는 바닐라 번들이 있다.

proxy 함수를 사용해 myTimer 인스턴스를 정의한다.

```
const myTimer = proxy({
  secondsPassed: 0,
  increase: () => {
    myTimer.secondsPassed += 1;
  },
  reset: () => {
    myTimer.secondsPassed = 0;
  },
});
```

myTimer는 숫자 값에 대한 secondsPassed 속성과 이 값을 갱신하는 두 개의 함수 속성을 가지고 있다. 함수 속성 중 하나를 사용해 일정 시간마다 secondsPassed 속성을 증가시킬 수 있다.

```
setInterval(() => {
  myTimer.increase();
}, 1000);
```

이 setInterval 사용법은 MobX와 정확히 동일하다.

다음으로 useSnapshot을 사용하는 TimerView 컴포넌트를 만든다.

```
const TimerView = ({ timer }: { timer: typeof myTimer }) => {
  const snap = useSnapshot(timer);
  return (
    <button onClick={() => timer.reset()}>
      Seconds passed: {snap.secondsPassed}
    </button>
  );
};
```

Valtio에서 useSnapshot은 렌더링 함수에서 상태가 어떻게 사용되는지 알고 사용된 부분이 변경될 때 리렌더링되게 하는 훅이다.

마지막으로 **App** 컴포넌트는 MobX와 동일하다.

```
const App = () => (
  <>
    <TimerView timer={myTimer} />
  </>
);
```

결과적으로 MobX와 동일하게 동작한다. 버튼에 지나간 시간이 표시되며, 버튼을 클릭하면 값이 재설정된다. 이제 MobX와 Valtio의 몇 가지 차이점을 살펴보자.

MobX와 Valtio 예제 비교

MobX와 Valtio를 사용하는 두 예제는 비슷해 보이지만 두 가지 큰 차이점이 있다.

- 첫 번째 차이점은 갱신 방식이다. 두 예제 모두 변경 가능한 상태를 사용하지만, MobX 예제는 클래스 기반인 반면 Valtio는 객체 기반이다. 이는 대부분 스타일적인 차이며, Valtio는 특정 스타일을 강요하지 않는다.

  Valtio가 허용하는 스타일 중 하나는 상태 객체에서 함수를 분리하는 것이다. 동일한 예제를 다음과 같은 방식으로 구현할 수 있다.

  ```
  // timer.js
  const timer = proxy({ secondsPassed: 0 })

  export const increase = () => {
    timer.secondsPassed += 1;
  };

  export const reset = () => {
    timer.secondsPassed = 0;
  };

  export const useSecondsPasses = () => useSnapshot(timer).secondsPassed;
  ```

위 코드처럼 proxy 함수로 만든 상태 객체 외부에서 갱신 함수를 정의하는 것이 가능하다. 이 방법의 장점은 코드 분할과 최소화, 불필요한 코드 제거가 가능하다는 것이다. 결과적으로 번들 크기가 최적화될 것으로 기대할 수 있다.

- 두 번째 차이점은 렌더링 최적화 방식이다. MobX는 옵저버 방식을 택하는 반면 Valtio는 훅 방식을 택한다. 각 방식은 저마다 장단점이 있다. 옵저버 방식은 더 예측 가능성이 높고 훅 방식은 동시성 렌더링에 더 친화적이다. 이러한 접근 방식에 따라 구현하는 방식이 매우 다를 수 있다. 또한 어떤 개발자는 고차 컴포넌트 스타일을 선호하는 반면, 어떤 개발자는 훅 스타일을 선호하는 등 스타일에 대한 차이가 있다.

> **중요 메모**
>
> 이 책을 집필하는 시점을 기준으로 동시성 렌더링에 대한 정보는 제한적이다. 현재로서는 여기서 설명한 내용이 정확하지만 향후에도 이 내용이 유효할 것인지는 보장할 수 없다.

이번 절에서는 MobX와 Valtio를 비교했다. 다음 절에서는 Zustand, Jotai, Valtio를 비교한다.

Zustand, Jotai, Valtio 비교하기

이번 장에서는 지금까지 다음을 비교했다.

- '**Zustand와 Redux의 차이점**'에서 Zustand와 리덕스
- '**Jotai와 Recoil을 사용하는 시점**'에서 Jotai와 Recoil
- '**Valtio와 MobX 사용하기**'에서 Valtio와 MobX

각 라이브러리를 서로 비교한 이유는 몇 가지 유사점이 있기 때문이다. 이번 절에서는 Zustand, Jotai, Valtio를 비교해본다.

먼저 세 라이브러리는 모두 Poimandres[10]에서 제공된다. 이 단체는 많은 라이브러리를 제공하는 개발자 집단이다. 한 깃허브 조직에서 세 개의 마이크로 상태 관리 라이브러리를 제공하는 것이 이상해 보일 수 있지만 이 라이브러리들은 서로 다른 스타일로 구현돼 있다. 또한 이

세 라이브러리가 공통으로 가지는 철학은 작은 API를 제공하는 것이다. 이들은 가능한 한 작은 API를 제공하고 개발자의 필요에 따라 API를 조합할 수 있게 하려고 노력한다.

그렇다면 세 라이브러리의 차이점은 무엇일까?

두 가지 측면이 있다.

- **상태가 어디에 위치하는가?** 리액트에는 상태에 대한 두 가지 방식이 있다. 하나는 모듈 상태이고 다른 하나는 컴포넌트 상태다. 모듈 상태는 모듈 수준에서 생성되는 상태이며, 리액트에 속하지 않는 상태다. 컴포넌트 상태는 리액트 컴포넌트 생명 주기에서 생성되고 리액트에 의해 제어되는 상태다. Zustand와 Valtio는 모듈 상태를 기반으로 설계됐다. 반면에 Jotai는 컴포넌트 상태를 기반으로 설계됐다. 예를 들어, Jotai 아톰을 생각해 보자. 다음은 countAtom을 생성하는 코드다.

  ```
  const countAtom = atom(0);
  ```

  countAtom은 아톰 구성 객체를 보유하며, 실제 값은 가지지 않는다. 아톰 값은 Provider 컴포넌트에 저장된다. 따라서 countAtom은 여러 컴포넌트에서 재사용하는 것이 가능하다. 이 같은 동작을 모듈 상태로 구현하는 것은 까다로울 수 있다. 같은 동작을 Zustand와 Valtio를 통해 구현하고 싶다면 결국 리액트 컨텍스트를 사용하게 될 것이다. 반면, 리액트 외부에서 컴포넌트 상태에 접근하는 것은 기술적으로 불가능하다. 따라서 컴포넌트 상태에 연결하려면 모듈 상태를 사용해야 할 가능성이 있다.

  애플리케이션의 요구사항에 따라 모듈 상태와 컴포넌트 상태 중 어떤 것을 사용할지 결정해야 한다. 일반적으로 전역 상태에 대해 모듈 상태 또는 컴포넌트 상태 중 하나를 사용하면 대체로 요구사항을 충족하지만, 드물게는 두 유형의 상태를 모두 사용하는 것이 합리적일 수 있다.

- **상태 갱신 스타일은 무엇인가?** Zustand와 Valtio 사이에는 큰 차이점이 있다. Zustand는 불변 상태 모델을 기반으로 하는 반면 Valtio는 변경 가능한 상태 모델을 기반으로 한다. 불변 상태 모델은 객체가 생성된 후에 변경할 수 없다는 것을 뜻한다. 상태로 state = { count: 0 }이 있다고 가정해 보자. 불변 상태 모델에서 카운트를 갱신하려면 새로운 객체를 만들어야 한다. 따라서 카운트를 증가시키려면 state = { count: state.count + 1 }과 같이 새로운 객체를 만들어야 한다. 변경 가능한 상태 모델에서는 ++state.count를 사용할 수 있다. 이는 자바스크립트 객체가 본질적으로 변경 가능하기 때문이다. 불변 모델의 장점은 객체 참조를 비교해서 변경 사항이 있는지 파악할 수 있다는 것이다. 이것은 규모가 크고 중첩된 객체의 성능을 향상시키는 데 도움이 된다. 또한 리액트가 대체로 불변 모델에 기반하기 때문에 같은 불변 모델을 사용하는 Zustand는 호환성이 좋다. 따라서 Zustand는 매우 가벼운 라이브러리가 될 수 있다. 반면, 변경 가능한 상태 모델을 사용하는 Valtio는 두 모델 간의 간극을 메워야 한다. 결국

Zustand와 Valtio는 상태 갱신 스타일이 다른 것이라고 볼 수 있다. 변경 가능한 상태 모델은 특히 객체가 깊이 중첩된 경우에 편리하다. 9장 '사용 사례 시나리오 3: Valtio'의 '이 접근 방식의 장단점'에서 예제를 다시 살펴볼 수 있다.

Immer 사용 관련 참고 사항

Zustand와 Jotai에서도 상태 갱신을 할 때 상태에 직접 접근해서 변경할 수 있도록 Immer를 사용할 수 있다. Valtio는 Zustand와 Immer 조합보다 변경 가능한 상태 모델에 더 최적화돼 있다. API가 더 작고 리렌더링도 최적화돼 있다. Jotai와 Immer 조합은 큰 객체를 다룰 때 유용하며, Jotai 라이브러리는 Immer를 통합할 수 있는 기능을 제공한다. 그러나 일반적으로 Jotai 아톰 크기는 작기 때문에 불변 갱신 방식은 큰 문제가 되지 않을 때가 많다.

이 세 라이브러리는 약간의 차이가 있지만 중요한 것은 서로 다른 원칙에 기반한다는 사실이다. 이 중 하나를 선택하려면 어떤 원칙이 애플리케이션 요구사항과 멘탈 모델에 잘 맞는지 확인해야 한다.

정리

이번 장에서는 이 책에서 설명한 세 라이브러리 간의 차이점을 설명했다. 이 라이브러리들은 서로 다른 모델을 기반으로 한다는 점이 다르다.

기본적으로 마이크로 상태 관리는 특정 문제에 대한 올바른 해결책과 라이브러리를 선택하는 것을 수반한다. 마이크로 상태 관리를 하기 위해서는 문제가 무엇이고, 문제에 사용 가능한 해결책이 무엇인지 이해하는 것이 필요하다. 이 책이 개발자들이 올바른 해결책을 찾는 데 도움이 되기를 바란다.

찾아보기